植芝盛平と中世神道

霊視された「合気」の奥義

清水豊 著

BNP
ビイング・ネット・プレス

目次

第一章◉太古の記憶「呼吸力」――両部神道

第二章◉秘匿された極秘伝「三角体」——山王神道

第三章◉最奥儀としての「魂の比礼振り」——十種の神宝

はじめに

「チチキトク（父危篤）」

との電報を受け取った植芝盛平は急遽、北海道から故郷の和歌山へと向かっていたが、その途中で京都の大本へと立ち寄った。当時、大本は出口王仁三郎《でぐちおにさぶろう》の活躍もあって教勢を拡大しつつあった。あるいは盛平が大本を訪れたのは後に合気道を学ぶことになる甥の井上鑑昭《いのうえのりあき》（親英体道《しんえいたいどう》）の一家が先に大本に入信していて、その導きがあったからともいう。大本で祈祷をしてもらっている時、盛平はやせ細った父を霊視した。

この時、盛平の霊視に気づいた王仁三郎は、声を掛けた。そして、

「お父さんはあれでよいのや」

と言ったのであった。これを機に盛平は王仁三郎に傾倒していく。井上が晩年にいたるまで大本の信者であり続けたのに対して、盛平はあくまで自分の霊的な眼を開いてくれた導きの師としての王仁三郎に私淑していた。そうであるから後には白光真宏会《びゃっこうしんこうかい》の五井昌久《ごいまさひさ》や古神道家の中村光雲などにも近づいていくことになる。盛平が王仁三郎から得たのは自らの霊的な眼への確信であり大東流を越える「真の武術＝合気道」との邂逅であった。つまり盛平の関心はあくまで武術にあったのであり、王仁三郎から盛平へと渡されたものは、大本の信仰ではなく「霊視」の霊脈であった。王仁三郎もその霊

脈を受け継いでいた。そして盛平をそうした霊脈につらなる者と直観したのであった。

盛平の晩年のことである。引土道雄《ひきつちみちお》(後に合気道十段)をつれて熊野の神社に参拝をしていた盛平は、

「道雄さん見たか」

と問うた。引土は、

「はい」

と答えた。この時、引土は龍を霊視したという。こうして引土にも霊視の伝授がなされた。霊視の伝授を行うには、伝授する方もされる方も共に虚空に封じられた記録(アカシック・レコード)を読み解かなければならない。アカシック・レコードを読むことのできる人は、またそれを読める人が分かるので、ビジョンの共有ができた時、そこに「伝授」の関係が生まれることになる。

本書で紹介しているのは中世神道であるが、イメージを使う両部神道ではアストラル界にあるアカシック・レコードにアクセスする方法が「岩(屋)戸」を開くという伝授によって示されている。アストラル界のレベルの情報は微細で、ある種の「衝動」とでもいうようなものである。それを理性や論理に左右されることのないイメージの世界で受け止めようとするのがこの段階の修行となる。古代においても、あるいは神秘学の修行においてしばしば夢のお告げが重視されるのは、現代に生きる我々が無意識の内に抑制している自由なアストラル界からの情報を得るために他ならない。こうした情報にアクセスしようとするのがアストラル体とエーテル体、肉体を統合する「天の浮橋に立つ」という植芝盛平の教えの前提となる。

次には山王神道の行法を紹介している。これは神仙道とも近いものでアストラル体、エーテル体、肉体の統合の方法を知ることができる。この秘法は天台宗の中で伝承されており最強を謳われた比叡山の僧兵もこうしたエクササイズを知っていたのではないかと思われる。この秘法をまとめたものが「三角体」という教えになる。山王神道で示されている修行法はこうした「三角体」を開くためのものということも可能である。

山王神道が統合を主として教えているのに対して、十種の神宝は「力」の使い方を「対照力」を基本に解説している。十種の神宝は「対照力」という概念がなければその本当の教えを解くことはできないし、これは合気道の根本概念のひとつでもある。また太極拳での「太極」と同じで、こうした「力」の使い方を盛平は「魂の比礼振り」としていた。「魂の比礼振り」はまた「呼吸力」のことでもある。こうした秘法を解く鍵となるのがアカシック・レコードからの「情報」なのである。

古代の神道には行法といったものはなく、ただ祭祀があるだけであった。こうした傾向は今日でも同様で、どの神社でも、たとえば禅宗寺院の坐禅のように「行法」が指導されることはないし、密教のように護摩を焚いたりするようなこともない。神道の祭祀の中心は神饌を献じて祝詞をあげることにある。一部の神社では「古神道」として鎮魂法などが伝授されているが、それらもだいたいは近代以降に作られたものである。

古代の神道（仏教信仰でも日本では同様のことが見受けられる）で最も重要なことは託宣を得ることであった。どのような託宣を得たいのかを祝詞で神に問う。そうすると神から託宣が得られる。託宣の多くは夢によってもたらされたので、何日も神社や寺に籠って（夢の）託宣を得ようとしている様子が絵巻物などには描かれている。武術でも「神伝」を称するのはこれが神からの教え（託宣）によるものであるからである。託宣を得るとはアカシック・レコードを霊視するということにほかならない。アカシック・レコードを霊視するには特殊な意識状態（表層の意識の抑制）に入らなければならないが、そうした行法を積んでいない古代の日本人はこれを夢で見ようとした。こうした夢見によるアカシック・レコードのリーディングは各地の秘教的な行法としても存している。

古代日本では仏教とともに優れた瞑想法も入ってきた。特に密教ではいろいろな高度な意識操作の方法が考案されている。そうした瞑想法と山林で修行していた太古からの「ひじり（聖）」と称される修行者のスタイルがひとつになって新たな「神道」が生まれる。それが両部神道であり、山王神道であった。自然の中で月輪観や阿字観、止観などの瞑想を深めていくと往々にして「教義」とは違った霊的な情報を得てしまうことがある。ただ、それを公に語ることははばかられるわけで、それが「神秘思想」となっていく。こうした意味では両部神道や山王神道は真言宗や天台宗における「神秘思想」の体系であるといえよう。

私は中世神道の伝書や神道曼荼羅から、そうした瞑想感覚ともいうべきものを如実に感じることがある。ただ中世神道の文献には「大日如来は天照大神と同じである」とあったりするように、リーディングの結果だけが簡潔に記されているのみであるので、これだけを見ると、こうした説はたんなる「付会」であると誤解されてしまう。たしかに大日如来と天照大神の間には思想的には何の関係もない。

しかし、これを瞑想の実践という観点からすれば、これらはともに「光の体験」ということでひとつになる。こうした瞑想感覚、アカシック・レコードを霊視する感覚は実際に瞑想をしてみないと分からない。

これは『老子』でも同様で、老子は「道」の感覚を「心は善く淵《よ》たり」（『老子』第八章）と述べている。この覗き込んでも底が見えないような、引き込まれそうになるような水の深みの中に居るような感覚、そして静かな波や渦のような「力」の感じは道家の瞑想である坐忘・心斎《しんさい》において、そのまま実感される体験である。こうしたの体験を通して『老子』を読むと瞑想体験をそのままに述べている部分が実に多いことが分かる。つまり老子は確かに現在「坐忘」とされるのと同じ瞑想を実践していたと思われるのであり、そうした体験を欠いた中国文学や思想の研究者の解説する『老子』は、まさに「隔靴掻痒」の感がある。

同様のことは中世神道においても見られる。中世神道も阿字観や月輪観、止観の体験を通して初めて「実感」として分かる部分が実に多いのである。両部、山王の神道のほかにも、中世には吉田神道も生み出される。これを考案したのは十五世紀に活躍した吉田兼倶《かねとも》である。この神道説も仏教や儒教などを取り入れて神道の優位性を恣意的に説いた説に過ぎないとされている。吉田神道は近世には神社神道の「家元」として大きな勢力を振るうのであるが、明治になると同じく神社界に勢力を持っていた白川神道とともにその伝承は廃絶する。現在、京都の吉田神社に吉田神道の跡を見るとすれば大元宮にその面影を留めているくらいであろう。この大元宮は角のない丸みを帯びた社殿をしていて、それはあたかもルドルフ・シュタイナーのゲーテアヌムを思わせるものがある。こうした形が空間の中に溶けていくような感覚は瞑想でアカシック・レコードを霊視する体験をした者に共通するものである。わたしに言わせれば吉田神道を提唱した吉田兼倶にも深い霊視体験があったのであり、吉田神道はそうしたアカシック・レコードを霊視したうえで構築されたものと考えざるを得ない。

近世になって生まれた国学神道で本居宣長は『古事記伝』をできるだけ文献学的な研究範囲に限って記述した。そのため今日でも高い評価を受けているが、宣長も鈴屋大人《すずのやのうし》と呼ばれていたように鈴を鳴らして瞑想状態に入って、『古事記』の難解な箇所を考えたといわれている。やはり宣長もアカシック・レコードを霊視していたのである。そのうえで文献学の範囲に入るものだけを『古事記伝』として残した。これには証拠もある。『古事記伝』には『三大考』という宇宙の生成を図をもって示したものが付されている。これは弟子の服部中庸《なかつね》の著作という体裁をとってはいるが、実際は宣長の作と考えられている。宣長は一般には理解され難い霊的な宇宙生成の情報と、多くの人が理解することの容易な文献研究とを使い分けていた。霊的な探究をするうえからすればこれは理想的な「情報」の使い分けということができるであろう。中世にあってはそれらが混交しており、文献の裏付けのある情報とそうでない情報がそのまま並記されていた。こうした種類の違う「情報」をひとつにしているので、文献のすべてが信用できないものと見なされてしまうのである。『三大考』を発展させたのが平田篤胤で、篤胤はさらに深いアカシック・レコードの霊視を加えて『霊能真柱《たまのみはしら》』をまとめた。また篤胤は霊視によるリーディングの瞑想法を久延彦《くえひこ》の伝として体系化しようと考えていた。このように中世から近世の「神道」説においてもアカシック・レコードを霊視する瞑想の存在は欠くことのできないものであったのである。

そうした中にあって特に興味深いのが両部神道であり、山王神道であった。中世とはいうならば幻想の古代と論理の近世の間にあった時代である。日本神話などを見ても神々はただ生まれた、とあるだけでなぜ生まれたのかは記されていない。アストラル界とはイメージの世界であるから、ただイメージが出てくるだけである。もし、その理由を述べるとすれば、それは後から（エーテル体や肉体のレベルにおいて）考えられたものとなる。神（アストラル界）からの情報である託宣は、それを読み解くための審神者《さにわ》がいなければならないとされている。アストラル体のレベルのアカシック・レコードの情報は審神者によりエーテル体や肉体にまで降ろされて「読まれる」ことになる（ちなみにエーテル体のレベルであれば「良い」とか「悪い」といった「感覚」的な答えとなる。これを代表する神に一言主《ひとことぬし》の神がいる。そして「天狗が憑いているから悪い」「過去の因縁により良い状態となる」という「論理」がつくのは肉体・物質界のレベルとなる）。

中世神道においてアカシック・レコードの霊視は何度も繰り返された。それはアストラル体のレベルでの「情報」を如何に適切に肉体のレベルの情報として表現するかの模索でもあった。その蓄積が神道文献として残されている。そうであるから我々はそうした文献を読む時にはそれが「何を語っているか」ではなく「何を霊視して語っているか」といった視点まで読み込んで受け入れなければならない。

本書では中世神道で如何にアカシック・レコードが霊視されたかを紹介しているが、それはそうした世界観が合気道の植芝盛平ときわめて近いからにほかならない。盛平は霊視者であった。時に自分の霊体と稽古をしていたというし、相手の攻撃の意志が白い玉となって事前に飛び込んでくるのが見えたとも語っている。そうであるからたとえ拳銃で撃たれてもそれをかわすことができたのである。盛平は、

「弾が発射される前に撃とうという意識が白い玉となって飛んでくる。それを避ければよいだけである」

と述べていた。確かに銃を撃つには狙いを定めなければならない。狙いを定めてから引き金を引く。その間に逃げるタイミングがあるというのである。逃げるのが早すぎると相手は撃つのを止めてしまう。引き金を引いてからでは避け切れない。このタイミング（呼吸）はまさに合気の呼吸そのものといえる。それはともかく盛平がこうした「情報」を「白い玉」として霊視していたのは特徴的である。感覚としてこうした微妙な「情報」を捉えることのできる人はいるが、それを「白い玉」として霊視する人は現代では少ないであろう。

それは現代人が「情報」をイメージとして捉えるのではなく、論理として捉えようとするからである。相手が銃を撃つタイミングは「来る」と思えばよいのであって、あえて「白い玉」を幻視する必要はない。ここでは相手が撃つということが分かればよいわけで、それを「白い玉」として幻視するのは余計な情報であると現代人は無意識の内に論理的に考えてビジョンの出現を抑制してしまうので

ある。

盛平はよく弟子に本を読ませていたという。これも情報をイメージとして受け取る傾向が強かったことを物語る。現代では細かな論理を追うので本は文字を追って黙読をするのが常識となっているが、古代ではおおまかなイメージを得られればよいため音読が普通であったとされる。古い絵巻物などを見ると音読する人のまわりで数人がそれを聞いている様子がよく描かれている。また、盛平が著作を残さなかったのもイメージによる認識をベースとしていた証左となろう。つまり文字を追うことでより論理性の高い認識が働くようになるわけで、そうなると「白い玉」を幻視することもできなくなってしまう。

このように盛平の持っている「意識」はきわめて中世神道と近いところにあったとすることができるのである。そうであるから中世神道の世界を見ることで盛平の語っていることをより深く理解することが可能となるわけで、本書を読んで頂ければ、盛平の霊視したアカシック・レコードの結果と中世神道で霊視されたそれとがきわめて似ていることに驚かれるかもしれない。こうしたことからすればアカシック・レコードの「伝授」は脈々として続いてきていたということになる。

本書では、初めにアストラル体のレベルのイメージを開く具体的な瞑想法として両部神道の「天の岩屋戸」を解説している。イメージを使う瞑想法はヨーガに特徴を持っているので、ヨーガで使われている概念をもって説明の助けとした。次に合気道の秘教的な世界を解明するため山王神道で行われたアカシック・レコードの霊視の秘伝を公開している（こうした貴重な情報が顧みられることなく埋もれているのは日本におけるオカルト研究のうえでの惜しむべきことではなかろうか)。そして最後には十種《とくさ》の神宝《かんだから》の大極秘伝にかかわる部分に触れている。盛平は合気道を「魂の比礼振《ひれふ》り」としていた。その理由もここにおいて解明をした。

本書は校正段階で天機を感じて全面的な改稿を行い、中世神道の瞑想世界が合気道や太極拳の奥儀にも通じるものであるとする内容とした。そして世界的な感染症の流行を迎え人類の心身の様態が大きな変更を迫られている。こうしたある種の危機的状況において中世神道の持つ心身の叡知を問うことができたのは幸いとするべきかもしれない。

令和二年十月

清水　豊

凡例

一、神名その他（天の岩屋戸など）は文献によって表記が異なる場合がある。原則として『古事記』の表記を優先しているが、引用の都合などにより適宜、使い分けている。

二、神名は中世神道において独特の読み方が付されることがある。当該の文献に読み仮名が付されている場合にはそれによった。

三、中世神道の古典文献は神道大系の「真言神道」「天台神道」によった。

四、植芝盛平の教えの引用はすべて『武産合気』であるためいちいち文献名を記すことはしていない。

概説　霊視と逸脱の神道

古くから日本では山は聖なる空間とされてきた。七一八年に制定された法令集である「養老令《ようろうりょう》」には、「僧尼《そうに》」の中に俗を離れて「寂静」を求め「山居」して「禅行修行」をする者があることが記されている。またその解説書である「令義解《りょうのぎげ》」では、こうした山林での修行者が「服餌《ふくじ》」や「行気《こうき》」をしていたとある。「服餌」とは穀物を避けたり（辟穀《へきこく》）、特別な薬を摂ったりすることであり、「行気」は導引や瞑想などによって気を練ることである。これらは神仙道の行法であるので、山林では仏教ばかりではなく神仙道の修行も行われていたことになる。つまり「山林」とは仏教や神仙道あるいは神道などの修行者が混在して、おそらくは仏教者であっても神仙道や神道のような行をも実践していたのではあるまいか。こうした「逸脱」する空間としての「山林」での修行を国家は取り締まりの対象としていたのである。

山にいて修行をした人物としては修験道の祖である役行者《えんのぎょうじゃ》が知られている。役行者は密教系の行法である「孔雀明王経」を修していたが、その中には神仙道や神道的な要素も含まれていたことと思われる。それがそのまま後に修験道となって受け継がれていくことになる。また、奈良時代には「自《じ》然智宗《ねんちしゅう》」なるものもあった。山林に入って求聞持法《ぐもんじほう》を修していたのである。虚空蔵菩薩を本尊とする求聞持法は、いうならば虚空にある智慧を読むための行法であり、それは虚空に記された記憶であるアカシック・レコードを霊視するための方法であった。

山林での修行者の多くは特殊な能力を得ようとして最新の修行法である密教の修法を多く取り入れていたようである。空海もこうした修行者から求聞持法を授けられて密教との深い縁が結ばれる。「自然智宗」の「自然」とは「生まれながらに」という意味もあるが、「自然が持っている」という意味もあるであろう。「自然智」なる「自然がもたらす智慧」は山林の中で行われた行によって特殊な感覚を開くことで得られるものであった。山林での修行者はアカシック・レコードを霊視して「託宣」を得ようとしていたのである。こうした日常を「逸脱」する霊的空間としての「山（林）」について廣澤隆之は次のように述べている。

「なにより『山』は不可視の神々がその神秘的エネルギーを凝縮させている空間であった」（「『自然』への還帰と空海の思想」シリーズ密教４『日本密教』）

こうしたうえで、

「その空間に入り込むことには特異な意義づけがなされる」

と述べている。いうならば「山（林）」には制御することがきわめて困難なエネルギーが横溢していたというのである。そしてそこに入って修行をするには、神仙道であれ、密教であれ、大陸からもたらされた最新の技術をもってしなければ修行者は、ただに「逸脱」をするのみで日常生活の空間にもどることができなくなってしまう危険性があった。

「山中で修行する宗教的行為は呪術につらぬかれていた。そこは日常を支配する原理にとっては異質でありつづけた」（前掲書）

　このような呪術的な空間において出会う「神秘的エネルギー」を「麗気」として見出したのが両部神道や山王神道であった。『麗気記』は両部神道の文献とされ、空海が撰んだとの伝説もあるが（ほかには役行者や後醍醐天皇に仮託されることもある）、誰が撰んだのかはともかくとして、この書が鎌倉時代あたりには存していたことは確かである。「山（林）」での修行者が感得、霊視しようとしていたのは「麗気」であった。こうした修行者に求聞持法を伝授された空海はこれを「光」と「響」として感得した。その時の霊的感覚を空海は次のように述べている。

「谷響きを惜しまず。明星来影す」（『三教指帰《さんごうしいき》』）

　ちなみにこの「響」については、

「五大にみな響き有り」（『声字義《しょうじぎ》』）

とあるように「五大」である「地、水、火、風、空」のすべてに「響き」があると空海は霊視していたのであった。つまり、この「響」はたんなる「音」ではなく、耳を通しては聞くことのできない霊的な「響」であったのである（これは阿字観で感得される「ア」の響きと等しい）。

　山林の中での感得、霊視といった「逸脱」の体験、つまり神秘体験の存する空間は「自然」の支配する空間であり、それはまたそのまま「神道」の支配する空間でもあった。つまり「麗気」を感得することをベースとする「神道」は自然の「力」を霊視することを目的とするもので、いうならば神社に代表されるような神道を超えた根源的な「神道」を知ろうとする営為であったのである。こうした中で形成された「神道」説は、いうならば「表」の真言宗や天台宗の範囲に収まることもなく、また「裏」のいわゆる両部や山王の神道として完結することもない。ただ個人の体験という「影」の部分でその奥儀は伝承されていったのである。そうであるから両部神道、山王神道といってもそれが真言宗に近いところで成立しているか、天台宗かによって分けられるだけで、それぞれが体系立った教義のようなものを持つことはなく、あくまで霊視して得た情報が蓄積されているだけであるのが実態となる。

中世においてこうした霊視による「情報」はどのように語られていたのであろうか。それを知るには十五世紀に天台宗の中で編まれた百科全書ともいうべき『渓嵐拾葉集《けいらんしゅうようしゅう》』を見なければならない。霊視された「神道」の奥儀の語られる空間とは次のようなものであった。たとえば同書には「神明《しんめい》等の事」とするところに「秘秘極極」と記してあり、こうした説が容易に表に出せる性質のものではなかったことが示されている。「秘秘極極」の中で語られたことのひとつに「我が国を大日本国と号する事」がある。これは伊勢の内宮外宮は両部曼荼羅を象徴するものであるとか、大日本国とは本当は「大日（如来）の本国」であることなどであるが、その冒頭には、

「密談に云ふ。忠快、或人物に語りて云ふ」

とある。まずこれが「密談」であったこと、そして忠快という人物がある人に「語った」ものであると記されている。「語る」「物語る」とは私的な場での話として伝えられたということで、つまり神道的な霊視の情報は個々の人が私的に感得したものであったので、私的な空間において密かに語られ

るのみであったのである。そうであるから広く読まれた『麗気記』の作者すら分からないのはこうした背景があるからといえる。「密談」や「物語る」といった空間はいうならば日常生活からは「逸脱」した空間であった。こうした霊視による口伝が徐々に集められてひとつのまとまりのある文献となっていったのが両部や山王神道の特徴といえよう。

また「逸脱」する空間としては「後戸《うしろど》」がある。「後戸」とは本尊の裏側ということで、この空間はある意味で本尊そのものに通じる「抜け道」のようなものとされている。神社でも寺院でも「特別な願いのある時には後ろから拝むとよい」といわれることがある。それは正規の道というより裏口のようなものとして密かに語られることが多い。こうした「逸脱」した空間である「後戸」にも「神道」が霊視される。ここで取り上げられるのは摩多羅神である。実際に摩多羅神（神道）の祭られている「後戸」は比叡山の常行堂の阿弥陀如来（仏教）の裏側にあったとされる。これについては川村湊が、「もちろん、修行の場である常行堂の、しかも阿弥陀如来の面前で、跳ね踊ったり、経文をふざけて読むことが許されるはずがない（略）後門（後戸）において、こうした無秩序で、アナーキーな振る舞いが許されていたと考えることができる」（『闇の摩多羅神』）として「後戸」が「逸脱」した空間であることを述べている。摩多羅神は由来のよく分からない神であるが、烏帽子《えぼし》に鼓を持っている姿で描かれることが多いようであり芸能の神としても知られている。川村湊の引用した部分は『渓嵐拾葉集』の次のような箇所によっている。

「私に云ふ（略）内観には首楞厳三昧《しゅりょうごんざんまい》に住し、外観には仮に順魔し、戯論の事を振舞《ふるま》ふなり。是《これ》は還《かえ》りて天狗に怖をなす義か云々」

仏法の修行の妨げになる「天狗」を降伏させようとするのであれば、内には首楞厳三昧という瞑想の境地に入り、外には天狗に憑依されたかのような行動をして、本来の仏教の議論ではないことを口走らなければならないとするのである。そしてあえてそのようなことを行うことによってこそ「天狗」を降伏できると教えている。「首楞厳三昧」とは「首楞厳三昧経」による瞑想で、

「有無相対の区別をしなければ、悪魔の束縛より解脱できる」（「首楞厳三昧経」仏教聖典）

とされている。「有無相対の区別」とは「有る」とか「無い」とかの違いであるが、それは有るということがあるから相対的に無いというものが生じるのであり、また反対に無いということがあるので有るということになるに過ぎない。そうであるからそれらを共に超越してしまえば、すべては「空」に帰する。これが首楞厳三昧の瞑想である。悪魔の束縛もそれが有ると思うから有るのであり、その有無に係ることがなければ悪魔の存在も問題とはならない。これはもちろん「天狗」でも変わりはない。

そうであるなら、どうしてわざわざ天狗の真似をするのか。これは『摩訶止観』に以下のようにあることで分かる。

「もし法身直《ただち》に法身なりと謂わば、法身にあらざるなり（略）首楞厳に住して、種種に示現《じげん》して衆の色像と作《な》る、故に名づけて身となし、所作弁《しょさべん》じおわれば解脱に帰す」

つまり法そのままの姿である「法身」は、これが法身であると示したならば、それは法身そのものではなくなってしまう。「法身」そのものを示すことはできない。そこで首楞厳三昧に入って、いろ

いろな具体的な姿（衆の色像）となって、それぞれの行為をしてみる。そうすると、そこに自ずから「仏性」を見ることができるので、解脱をすることが可能となるというのである。天狗でいえば天狗をまねることで天狗の持つ「仏性」を知ることができる。そうなると仏も天狗も区別のないものとなる。

この「衆の色像」となって「解脱」をするという考え方は、日本の芸能に深い影響を与えることになる。よく日本では花を生けることでも、茶を飲むことでも、すべて「道」にしてしまうとされるが、それはこうした思想（天台本覚思想）があるからなのである。天台本覚思想は、もともと仏教にあるすべての「衆生」には「仏性」があるとする考え方による。「衆生」とは人のことであるが、これが次第に広がって日本では「衆生」とは木や草など自然のあらゆる「物」にまで拡大していくことになる。つまり、あらゆる存在は「仏性」を持つのであり、どのような行為も仏道の修行たり得ることになる。そうであるから花を生ける行為も茶を飲む行為もすべてが「仏性」の覚醒へ向けての可能性を持つことになる。こうした「仏性」への「覚醒」をうながす特殊な至高体験（三昧）の方法として『摩訶止観』や『渓嵐拾葉集』では首楞厳三昧が説かれているのである。

「本覚思想が、もともと現生主義的である日本人の宗教的土壌で、とくに意義を拡大していった（略）しかも現実を追認し追体験をすることによって現実を異化し絶対化するという、いわゆる芸術的至高体験、くだいていうなら芸術的表現の深みへと日本人の感性を駆りたてていった」（栗田勇『最澄と天台本覚思想』）

ここにある「現実を追認し追体験をする」とは「形」を稽古をするということである。一定の「形」

を繰り返す中で、それを超える体験としての至高体験をして、「現実を異化し絶対化する」ことができるようになる。つまり「現実＝形」の奥にある「絶対＝仏性」を悟ることができるようになるということである。、またこれは「首楞厳三昧」の意味するところでもあるので「首楞厳三昧」とは「現実を異化」する意識状態、「現実」を「逸脱」する意識状態へと導く瞑想であるといえる。またこうした「形」の稽古は芸能や武術に取り入れられる。

中世神道ではこうしたあらゆるところに存する「仏性」を「麗しいエネルギー（麗気）」として感得した。こうしてみると摩多羅神も山王神道の空間の中に含めて考えることができるであろう。これは山王神道が、仏教を「異化＝逸脱」した空間にあるからである。後に示すように山王神道では『古事記』や『日本書紀』の神話がそのままに語られるということはなく、止観を行ずる中で「麗気」を霊視して得られた「情報」をもとに、文献にある「神話」ではなく、太古の神話から直接に情報を得ようとひたすら霊視をした。つまり「神話」を「異化」しようとしたのが中世神道であった。先に引用した『渓嵐拾葉集』の日本（大日本国）が大日如来の国であるとする「大日の本国」というような言説はともすればたんなる牽強付会とされるが、じっさいは瞑想の中から得られた霊視によるものなのである。古代にあって日本列島は行基図にあるようなあまり反りのない形であり、これは密教の法具である独鈷杵と似ていた。独鈷杵は大日如来の象徴でもあるので、「日本列島＝独鈷杵＝大日如来」ということが霊視され、また他では「大日本国」という名称が「大日・本国」と区切ることができることも霊視されるようになると、ますます日本は大日如来の本国であるとする「情報」が正しいものであると確認されることになる。日本は大日如来の本国であるからその自然を霊視して得られる情報は限りなく真実に近いものであると中世の神道家達は考えた。

摩多羅神は円仁（慈覚大師、七九四―八六四）が霊視した神であるとされる。この神が虚空より呼びかけたというのであるから、これは円仁がアカシック・レコードを霊視して得た神であることはまちがいあるまい。摩多羅神が祭られているのが常行堂の「後戸」であることは既に触れたが、常行堂は止観の常行三昧を修するところであって、常行三昧とは阿弥陀仏の周りを歩き続ける瞑想である（止観にはその他にも坐禅をする常坐三昧もある）。私見によれば摩多羅神の存在と常行三昧とは深い関係にあるように思われる。ここにあるのはいうならば「坐禅」からの「逸脱」である。ひたすら静かに坐って自らの内面を見つめる坐禅が、歩き、さらには乱舞をするといった形に「異化」された。それが摩多羅神の秘儀であったのではなかろうか。園城寺では新羅明神を摩多羅神と同じとみる見方もある（『寺門伝記補録』）。新羅明神は新羅《しんら》三郎を通して大東流、合気道と関係の深い神とされている。これは大東流が霊的には山王神道とつながっているということであろう。事実、本書の「山王神道」のところで解説するように植芝盛平の語っていること（霊視したこと）と山王神道で霊視されたこととの間には深い関係性が見られ、ふたつを比べることでその意味がより明確になることが多いのである。

常行堂の摩多羅神の信仰は後に玄旨《げんし》帰《き》命《みょう》壇《だん》なるものを生み出すことになる。これは「秘法」「台徒の深秘」（林羅山『二荒山神伝《ふたらやましんでん》』）とされるように天台宗の宗徒の間で深く秘された教えであった。これについては時代により変わっていったところもあるようであるが、『玄旨重大事　口訣私書』に、

「摩多羅神は煩悩生死の妄想転倒を顕《あらわ》して狂乱舞歌の形を顕したまふ」

と記すように、摩多羅神の乱舞とは「煩悩」「生死の妄想」を「転倒」することを目的としたものであった。これは天狗を降伏するのに天狗のまねをするのと同じである。そうであるなら、そもそも「天狗」や「狂乱舞歌」が意味するものとは何であろうか。それは「煩悩」や「生死の妄想」を「転倒」するためにあえてそうしたことを行うことであった。このような怒りや憎しみ、あるいは生死の際に立つこと、そうしたものを含んでいるものに「武術」がある。つまり摩多羅神が開くひとつの形として「武術」的な展開のあることは充分に考えられるわけである。相手を殺傷する行為をあえて行うことで生死のこだわり（煩悩）を超越する。これはいうならば「煩悩」「妄想」の浄化であり、神道的には「禊《みそぎ》」であるといえる。

こうした背景を考えると植芝盛平が「合気道は禊である」としていた意図も明らかとなる。あえて攻防の形を行うことで、そこに含まれる「煩悩」や「妄想」を超越、つまり禊《みそ》ぐことが可能となるわけである。ここに「禊」という概念を通して摩多羅神が新羅明神であり、新羅明神が大東流の流祖とされる新羅三郎とつながってくることになる。つまり盛平の開いた「合気道」は大東流の霊的源流にせまるものであったのである。

本書では初めに両部神道を紹介している。両部神道にはいくつかの門流が派生するが、その中で三輪神道はひとつの大きな流れであった。今回は三輪流の伝書を使っている。これは「天の石屋戸」の神話を修法としたものである。「天の石屋戸」の神話では天照大神が天の石屋戸に籠って再び姿を表す。

三輪流の瞑想では「光」の霊視が中心となる。この「光」は天照大神の「光」であり、大日如来の「光」

でもある。それと同時に「麗気」の「光」でもあるといえる。

「一切衆生一念妄念を不動本覚と開口《ひらく》を岩戸開《いわとびらき》と云うなり」（良遍『神代巻私見聞』）

このように「衆生」の「妄念」をゆるぎない悟り（不動の本覚）に導くことを「岩戸開」の神話は示していると考える（「不動の本覚」については両部神道のところで触れている）。植芝盛平は霊視者であった。相手の攻撃しようとする思いが「白い光の粒」になって飛んでくるのを霊視したり、自分の霊体と稽古を重ねて奥儀を体得したことは触れたが、最も有名なのは自らが黄金の「光」に包まれたとされる黄金体と化した体験で、これにより合気道の根本となる「我即宇宙」「万有愛護」を悟ったという。こうした霊視による「光」の世界へのアプローチとして本書では両部神道の行法を解説している。

次の山王神道のところでは、霊視をして得られた神道世界を紹介するとともに合気道との深い関係についても述べている。盛平が山王神道に触れた様子はないが、これらに深い関係性が見られるのは、ひとつに霊視によって得られる「情報」の普遍性があるのであろう。霊視にはいろいろなレベルがあって浅いレベルであるとどうしても思い込みのようなものが入りやすい。そうしたものを排除するために何度も霊視は繰り返される。そうした中で一定の霊視者たちによって正しいと認められたことが文献としてまとめられていると思われる。ただそうした中にあっても文献上の差異は認められる。我々は残された情報を重ね合わせることでアストラル体のレベルで受けた「衝動」としての情報がどのようなものであったのかをより明らかにすることが可能となろう。ここではいろいろな山王神道の秘図とその示す教え、そして盛平の霊視を重ねることでその真義を明かそうとしている。

最後の「十種の神宝」の修法は両部神道にもあるし、山王神道にもある。また古神道関係の本にはよく説明が出ている。十種の神宝の奥儀を知るには正しい「組み合わせ」と「正しい図」を得なければならない。神宝は個々別々に解釈をしようとしても意味を持たないようになっている。「十種の神宝」の教えは「麗気」を感得した心身にどのような「力」が生じるのかが書かれており、これは「武術」とも直結するものであるし、合気道の奥儀そのものともいえる。

ここに我々は中世の神道行法が、近代になって成立した植芝盛平の合気道に連綿として受け継がれていっている様子を見ることができる。それは盛平自身が霊視した「合気」が、中世の神道家たちによって霊視された「中世神道」の世界そのものであったということもできるのである。

第一章◉太古の記憶「呼吸力」——両部神道

一、麗気の「光」を視る

中世になると真言密教内部でも神道説が唱えられるようになる。それが両部神道である。ここでの「両部」とは金剛界、胎蔵界のふたつの曼荼羅をいうもので、これらの曼荼羅は「金剛頂経」と「大日経」によっている。また両経典は同じ大日如来を本尊とする密教であっても、それぞれ別の系統に属している。しかし、このふたつの系統が中国に渡ると「金剛」は男性的、「胎蔵」は女性的なイメージのあることから陽と陰の組み合わせを重視する文化的な背景もあって、両部あるいは両界としてひとつのものと見られるようになっていくことになる。

両部神道が生まれるのは「光」の仏である大日如来と「日」の神である天照大神とに共通性が認識されたこと、それと伊勢の外宮、内宮という組み合わせがちょうど胎蔵界、金剛界の両部曼荼羅と同じであることなどから密教と神道の一致が霊視されたことによる。また内宮に祭られている天照大神は女性的なイメージを持たれているので胎蔵界と関連があると考えられた。まさにこうしたことは伊勢の神宮は曼荼羅が日本にもたらされるより前に既に日本に「大日如来」の世界を示した「曼荼羅＝両宮」のあったことを証明するものとして霊視をされたのであった。そして内宮の天照大神は既に述べたように大日如来そのものと見なされた。ちなみに大日如来はどのようなものにも変化をするので外宮の豊受大神も大日如来と考えることは密教教義のうえからも可能である。

既に触れたが一般的に思想史や神道史において両部神道は、密教教義に神道的な事柄を「付会」したに過ぎないとされ、高い評価を受けることはない。しかし、これを詳細に見るならば、そこには高度な瞑想の修行体系とそれによる霊視の存在をうかがうことができるのである。加えて深い思索のなされたことも分かる。しかし、中世神道の伝授は密教と等しくイメージ（霊視）を媒介としたものであったために、そこに当然に展開されたであろう思索や修行の深まりなどに触れることがない。そのためにただ密教と神道をひとつにして恣意的な世界観を展開しているだけのように見えてしまうことになった。こうしたこともあって、秘説として伝えられた文献には詳細な説明をしようとする試みそのものがないのである。秘説はそれを分かる者だけに授ければよかった。

月輪観や阿字観を行っていると、自分の意識の基層部分と向き合うことになる。これは瞑想の根本でもあり必然でもある。そして、こうした部分において民族的な思考、意識としての「神道」的なものとの出会いがあたりまえに生まれてくる。即身成仏とは大日如来と一体となることであるという。大日如来と一体となることは肉体（物質界）では不可能であり、それはアストラル体（アストラル界）で「光」の体験としてでなくてはかなわない。

そうした過程において意識の根源にある「光」の体験を経て、大日如来と同じ存在としての天照大神と出会うことにもなる。これは「付会」というよりも、必然の「邂逅」というべきであろう。霊視をしている者には無理にこじつけたという意識はまったくなく、心の深みに降りていった時に、必然的に出会うものとして大日如来があり、また天照大神があったということである。

こうした「覚醒の光」といったものは多くの宗教で見ることができる。迷妄の世界を象徴する「闇」を打ち破る「光」といったものが「覚醒」の根源とされている。「聖書」には、「地は形なく、むなしく、やみが淵のおもてにあり」といった状態で、「神は『光あれ』と言われた」とする。そして「神はその光とやみとを分けられた」と教えている。神によって「光」がもたらされたとするわけである。またゾロアスター教では「光」と「闇」との闘争が教義の中心となっている。両部神道では、大日如来や天照大神を「覚醒の光」の象徴と考えた。「覚醒の光」という点において、これらはひとつのものの違った表現として見られるようになる。大日如来と天照大神とは同じく「光」の象徴として霊視されるように両部神道ではなっていく。ちなみに奈良の大仏は「華厳経」に説く毘盧遮那如来《びるしゃなにょらい》の像で、毘盧遮那如来は大日如来の梵語読みであるから奈良の大仏は大日如来でもある。なぜ、奈良時代に日本を守護する仏として毘盧遮那如来という「光」の仏の巨像を作ったのか。その意識の奥にはあるいは天照大神があったのかもしれない。鎮護国家を目的として建てられた大仏は、天皇家の祖先神としての天照大神であることが、極秘の教えとしてその中にあったのではなかろうか。こうしたことが深い瞑想の中で霊視されるのが両部神道の世界となる。

おそらく中世の密教僧は大日如来と天照大神の間に「必然の暗合」を霊視したのであろう。すでに述べたように両部という考え方は中国で成立したものである。しかし歴史的には「大日経」をベースとする胎蔵界の方が古いので儀式的な要素が強く、「金剛頂経」を所依とする金剛界の方がより瞑想

的な傾向が強くなっている。これらは決して同一レベルで修行できるものではない。そうであるから
かつて実際の伝授は一部の高位の指導僧を除いては、金剛界か胎蔵界のどちらか一方の修法のみが教えられた。たしかに、実際に修行を行う場合にはひとつの系統をのみ行った方がやりやすいであろう。
ただ、指導を行うような立場であればふたつの系統を体得しておくことも必要となろう。両部神道でも行法的には阿字観がベースになるので胎蔵界の方が主となるが、細かな教義の面での金剛界や胎蔵界の違いは、ほとんど顧みられることはなかった。両部神道（これは山王神道でも同じ）では、特に密教教義と神道を融合させようとはしていない。

大切なことは、密教が渡来する以前に「日本には真の密教があった」というスタートラインで、そこから自由な霊視が行われることになる。両部曼荼羅をそのままに表しているとする伊勢の内宮、外宮はそれぞれ天照大神と豊受大神が祭られている。しかし、両部神道ではもっぱら天照大神が重要視されており豊受大神についてはあまり触れられることがない。つまり従来の神道説にも必ずしもとらわれていないのであって、霊視により正しい「神道」説を見出そうとするのが両部神道なのである（これは山王神道でも同じ）。

つまり両部神道においては、もっぱら「覚醒の光」のシンボルとして大日如来や天照大神が重視されているのである。これはいうならば密教や神道からの「逸脱」とすることもできよう。あくまで真の「覚醒の光」の教えは古くから日本、伊勢の神宮に封印されていた。それを解こうとするのが両部神道の根本である。

密教的にいうならば、胎蔵曼荼羅の本尊は大日如来であるから、豊受大神も大日如来ということになる。つまり、

大日如来＝天照大神＝豊受大神

とする図式は密教教義のうえでは無理なく成立する。しかし、神道においては天照大神と豊受大神は同じ神ではない。それを同じ神、つまり大日如来であるとするのはあまりに安易であるとの批判もあろう。しかし両部神道の世界はそれだけ（密教教義だけ）によってこうした説を立てているのではない。

豊受大神は『古事記』には「豊宇気毘売《とようけびめ》の神」とある。「豊」は豊秋津島《とよあきつしま》などと同じく「ゆたか」であるという意味で、「受」は「食《うけ》」であり「食（物）」のことと解されている。また食物の神に保食《うけもち》の神がいる。古代において食物を摂取するとはそれに含まれている「気」を体内に取り入れることであった。豊宇「気」毘売の神とは「気」の豊かな姫神ということになる。同じく食物の神に大宜都比《おおげつひ》売《め》がいる。これは「大いなる気の姫」ということで豊宇気毘売の神と同じ意味の名前とすることができる。また天照大神は太陽が「照らす」働きを象徴するもので、この「光」は食べ物（稲など）を育てる「光」つまり「気」でもある。密教では純粋な悟りの「光」としてあらゆるものが大日如来と一体と考えるが、それはいうならばアストラル界のレベルでの同一化である。これに対して両部神道では「気」のレベルでの合一を霊視する。これはエーテル界のレベルといえる。両部神道ではこうした「気」を「麗気」と称していた。自然界のすべては「麗気」の現れと霊視していたのである。

二、森羅万象を包む麗気

　両部神道を代表する文献に『麗気記』がある。これは中世を代表する神道書であることは間違いあるまい。また、その内容も両部神道がひじょうに深い霊視を行っていたことを如実に示すものとなっている。そこに見られるのは密教をベースに神道を理解しようとしたということではなく、深い瞑想による真の「神道」の発見であった。こうした霊視の「成果」をそのままに記したものが『麗気記』である。およそ瞑想法はテクニックであるから普遍的なもので、心身を特定の状態に導く技法であるに過ぎない。しかし、それによって感得される境地はそれぞれに異なっている。そのために一定の宗派などで行われる瞑想は必ず教義を先に学習することが求められる。また教義にそってどのように瞑想をするべきかが規定されていることも少なくない。

　しかし、たとえ月輪観や阿字観といった真言宗の瞑想法であっても、ある深い意識状態に入るとしばしば修行者は既定の教義にそった世界以外のものを見てしまう。こうして「逸脱」が生じる。「逸脱」をして、知ってしまった世界は「雑念」と思い捨ててしまう人が大部分であろうが、時にそれに興味をもってその世界を深めようとする人も現れる。こうした中で真の「神道」の発見にまで至ってしまったのが両部神道なのである（山王神道も同じ）。つまり、密教瞑想ということを通して『古事記』や『日本書紀』に記録される以前の太古の神道の真の姿を霊視する境地に至ってしまったのであり、それはいうならば虚空の記録であるアカシック・レコードを霊視したというべき境地でもあった。

そこでは神々は生命エネルギーである「気（け）」であるに過ぎなかった。そうしたところでは既存の神道の体系はすべて自然の「気」の中に埋没してしまうことになる。たとえば「麗気」という語について鎌倉時代の僧である良遍（一一九四―一二五二）は、麗気というのは、森羅万象がすべて神体ということであると述べている（『神代巻私見聞』）。つまり「麗気」とは「森羅万象のすべてが神体である」という考え方を前提としている。自然界の生命力である「気」の中でも特に麗しい気が「麗気」であって、それはそのままで「神体」として認識されるものであった。

興味深いことに『麗気記』では、根源の神を「虚無神」としている。また、この虚無神は「大元尊神」ともいうとある。これは「麗気」が虚無から生まれていることを示している。虚無とは「形を持たない」ということである。これを中国では「無極」と称する。無極はエネルギーは充分にあるもののそれが特定の形を持っていない時の状態である。神仙道では無極は「静」であり、「動」となると太極となって一定の形を表すとする。

「虚無神」とは特定の働きを持たない「麗気」の状態を示している。これがたとえば天照大神となると「照る」という具体的な力の形、働きの形が示されることになる。こうして「麗気」としてのひとつの働きが表れてくる。生命を育む太陽光の働きが「麗気」であり、それを古代では「神」として感得していたわけである。「照る」という働きは物的世界に働きを持つ「光」つまりエーテル界の次

【図1】独鈷杵

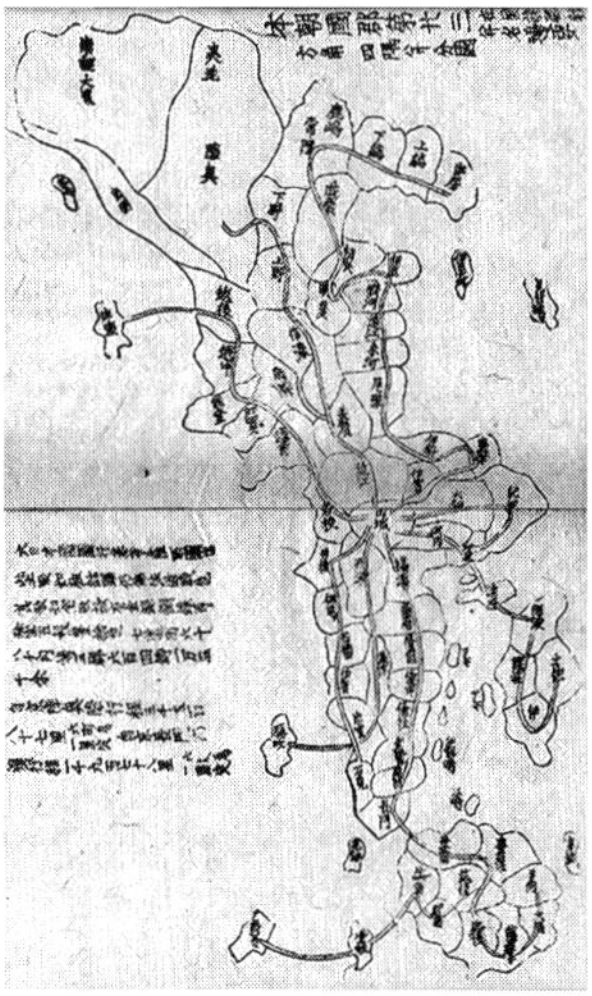

【図2】行基図の日本列島

元の「光」といえる。しかし、密教の大日如来でもたらされたのは、そうした働きを持たない、またあらゆる働きの「根源」であるアストラル界のレベルの「光」であった。「麗気」として示現するエーテル界のレベルの「光（天照大神）」よりさらに深いレベルのアストラル界の「光（大日如来）」があるのである。

　大日如来は本来はアストラル界のレベルの「光」であるからその姿を見ることはできない。仏像に示されているのは仮の姿である。我々がビジョンとして見ることのできるのはエーテル界のレベルでしかない。そうであるから瞑想を離れて物質界のレベルで大日如来を象徴するものとしては独鈷《とっこ》杵《しょ》を用いなければならなかった（図1）。独鈷杵は密教の法具のひとつで、古代インドの武器の象徴でもある。両端に「刃」がついた武器であるが、本来は持ち手の部分がより長くないと使えない。

中国では双頭槍などがある。こうした強力な武器を破邪の武器として、それが大日如来の「光」の象徴と見るわけである。密教では煩悩を打ち砕く「覚醒の光」の象徴として独鈷杵があったが、両部神道ではただ「光」の象徴として独鈷杵を考え、それが天照大神の「光」の象徴でもあるとする。こうした中で独鈷杵を霊視して見出されたのが日本列島の形であった。日本列島の形がまさに独鈷杵そのものなのである。現在の日本列島の地図からすれば、日本列島はかなり弓なりの形となっている。これでは棒状の独鈷杵とは違っているが、古代中世あたりに流布した日本列島の地図・行基図(図2)では、日本列島は棒状に描かれている。実際はともあれ、少なくとも人々の「意識」において、中世では日本列島は棒状のものとして認識されていたのであり、この点に留意されなければならないであろう。

中世の日本人の霊的な意識の中では、独鈷杵と日本列島の形は同じものと認識された。また大日本国は「大日」如来の国であるということも分かり、それに加えて天照大神は「大日《おおひる》」孁貴《めむち》という別名を持っていることなども神話から知ることができる。

こうした霊的事実は大日如来と天照大神とが同一の「光」の存在であることの証明として考えられていくことになる。

さらには独鈷杵や日本列島のような形は伊勢神宮の心御柱《しんのみはしら》と同じとも霊視されている。つまり森羅万象に遍満する麗気は、日本列島にその精髄が集まっているのであり、加えてそれは、密教が伝来する以前の伊勢の神宮の心御柱として如実に示されていた。棒や柱は古来より神の依り代とされている。つまり「独鈷杵」は、日本列島は根源の「光」の依り代であり、また麗気の精髄の存するところと霊視されたのであった。

三、託宣とアカシック・レコード

『麗気記』には独鈷杵は「心肝」であり「魂」であると記されている。そしてそれは「神」であるともある。心や肝は体の中でも生命をつかさどる重要な器官であるが、それを「神」と考えていた。つまり心や肝は身体の中でも最も麗気の集まるところということであり、それは神と等しいと考えられた。また「神」とは「正覚の理」であるとも記している。つまり正しく悟られるべき「理」であるというのである。これは独鈷杵への霊視を通して悟りの境地に入ることが可能となるとの教えといえる。

つまり、身体をあるべき状態にすることで我々は「独鈷杵」と等しい働きを持つ麗気を正しく感得することが可能となる。それは密教でいうならば大日如来となることであり、肉体を通してエーテル体（天照大神）そしてアストラル体（大日如来）への覚醒へと促すものである。そうした悟りの境地は「正覚の理」を得ることということもできるし、また「法界の一心」「真正覚」を悟ることとしても説明されている（「法界の一心」とは正しい認識の得られている状態であり、「真正覚」は正しい悟りを得たということ）。

こうした記述からは『麗気記』で独鈷杵を悟りの象徴として霊視していたことが分かる。それはまた「柱」に神が依り憑くという古代からの信仰とも軌を一にしている。神を数えるのに幾「柱」という言い方をするのは、かつて「柱」を立ててそれに神を依り憑かせていたためとされる。また「柱」ではなく「串」が使われることもあったが要するに棒状のものであれば神は依り付くと考えられていた。「串」は「奇《く》し」であり、不可思議であるとの意である。神霊が依り憑く不可思議な棒状のものを「くし」と言っていた。さらにはそれは神霊である「魂《たま》」が依り憑くので「玉串」とも言う。「玉串」は現在は榊の枝を使うが、本来は神霊が依り憑くもののすべてが「玉串」であった。

両部神道で重要なことは、ただ神を依り憑かせるということではなく、それによって悟りが得られるという点にある。つまり天照大神を依り憑かせることは、悟りを得るということなのである。それは大日如来と一体となることにつながるのであり、それにはエーテル界、アストラル界のレベルでの「光」が霊視されなければならなかった。またこれは「麗気」を感得することと同じであった。そうすることで「麗気」の中にある記録、つまりアカシック・レコードを読むことが可能となり、あらゆるものの真の姿を知ることができると考えられていた。

両部神道で自らが独鈷杵と一体となるということは伊勢神宮の心御柱と一体となることでもある。そうなるとつまり、心御柱が象徴しているのは「悟りの境地」ということになる。古来より日本の伊勢で心御柱が連綿として受け継がれてきたことは、宇宙の真理である悟りの教えが絶えることなく日本に伝えられてきたことの証しと考えられる。伊勢神宮では心御柱のことは特に秘事とされていて、実態は明らかではない。しかし、柱が神の依り代であることは確かで、神殿は柱を覆うものとして建てられている。つまり伊勢の神宮とは心御柱を護るための建物といえるのである。それは心御柱に封印されたアカシック・レコードを護ることでもあった。そしてその封印を解こうと両部神道では繰り返し霊視が試みられた。

古来より日本の祭祀では託宣を得ることが最も重視されていた。およそ神を祭るのは託宣を得るためであったといってもよいであろう。よく知られたところでは宇佐八幡宮の託宣事件がある。これは奈良時代に道鏡を天皇にせよとの宇佐八幡よりの託宣があったとすることに端を発したもので、朝廷では改めて託宣を得てそれを否定することになる。神の言葉である託宣が変わるということは本来は考えにくいが、託宣とはアカシック・レコードを読むことであるから読む人の能力によって正しく読むこともできるし、間違ってしまうこともあると思われていたようなのである。

特に神道では「潔斎《けっさい》」が重要とされた。潔斎とは心身を清めることである。道鏡を天皇にせよとの託宣が出たが、改めて託宣を得に赴いた和気清麻呂《わけのきよまろ》は「天皇は天皇家の出身でなければならない」との託宣を得て帰る。これに怒った道鏡は和気清麻呂の名を別部穢麻呂《わけべのきたなまろ》と変えさせる。これは穢れた状態で託宣を得たので、間違った託宣を得たとするものであった。古代日本の祭祀において「穢」とされたのは、アストラル界へ参入できるだけの心身の状態が整っていないことを示すものであった。『麗気記』では穢れを避けるためには心と肝を整えることが重要と教えている。肉体を整えればエーテル体も整う。エーテル体が整えばアストラル体も安定をする。こうした状態であれば正しくアカシック・レコードを読んで託宣が得られると考えたのである。

また『麗気記』では心御柱について、「衆生成仏の因縁、法界の縁起」のために建てられているものとしており、こうしたことが心御柱に封印されたというのである。そうであるから、中世の神道家は多く心御柱を霊視している。そこで解明しようとしたのは「人々がどのようにしたら霊的な世界を知ることができるか（衆生成仏の因縁）」であり、「霊的な世界はどうなっているか（法界の縁起）」であった。このふたつの教えが心御柱として封印されているのであるが、それを解くには密教の瞑想法が必要であった。少なくとも中世においてはそう考えられていた。つまり心御柱こそが麗気を最も端的に示すものであったのである。

四、天の岩屋戸の「光」

ここで紹介している両部神道の修法は「天の石屋戸」の神話をベースとするものである。天照大神は高天原で須佐之男の命が暴れたことによって、天の石屋戸にその姿を隠してしまう。これにより高天原は光を失った暗闇の世界となる。こうした「闇」の状態から天照大神が再び現れて「光」がよみがえるところをストーリーを追って体験することで霊的な「光」、麗気を「光」として霊視しようとする。それは一般的な「光」の世界から「闇」へと入り、再び「光」の世界がとりもどされるプロセスであるが、最後に到達する「光」の世界では全身が「光」により統合されることになる。「闇」を迎えることで物的世界のレベルの「光」は否定される。そして、より浄化されたアストラル界の「光」が覚醒することになる。こうしたいわゆる「再生儀礼（生まれ変わりの儀礼）」は秘密結社を始めいろいろな集団の入会の儀式としてかなり普遍的に見られ、学術的には擬死再生儀礼といわれている。そこでは古い人格なり魂が一度、死んで甦ることで新たな人格や魂となるとされる。伊邪那岐の神も「光」の象徴である天照大神を生むにはいったん、死者の国（黄泉の国）へ赴かなければならなかった。つまり、一度は死ななければならなかったのである。

「天の石屋戸」神話では天照大神の「魂」の再生を促すために依り代としての榊を立てる。そして榊の上の方の枝には勾玉を掛け、中ほどの枝には鏡を、そして下の枝には白と青の布を垂らして岩屋戸の前に立てた。「勾玉」は魂を表すもので、「鏡」は光を、そして「布」は魂の活動を示している（「布」つまり「比礼《ひれ》」に関しては十種の神宝で詳しく触れる）。神々が榊を立てて祭りを行っていると天照大神は不思議に思って外を覗いてみる。

「汝命《いましみこと》に益して貴き神います」

こう告げられた天照大神は、鏡に移る自分の姿を新しい神がいるのかと思って石屋戸を開ける。その時に外に連れ出されてしまう。「あなた様よりも貴い神様がおられるのです」と言われて天照大神はだまされたような形となって石屋戸の神話は終結していくのであるが、これは天の岩屋戸に籠ることで天照大神の魂がさらに活性化、純化された「光」となったことを示している。アストラル界の「光」からエーテル体、肉体を統合する「光」を持つ存在へと成長をしたわけである。つまり「鏡」に映っている「自分」の姿はエーテル体のレベルの「光」の存在であり、それはかつてのアストラル体の「光」

を持つ自分とは違っていた。そうであるから別の「光」の神が現れたのかと思ったわけである。荒れる須佐之男の命に抗すべくもなかった天照大神の未熟な「魂」は石屋戸に封印されることにより成長し、変容をとげた。つまり、かつての天照大神よりも優れて貴い「魂」を持つようになったのである。

こうしたことが明らかに分かるのが「汝命に益して貴き神います」という言葉で、これは「以前の天照大神よりも優れた天照大神がいます」と言っていることになる。天照大神は主としてアストラル体のレベルの「光」の存在であった。その意味では大日如来と同じである。それが須佐之男の命と出会うことで肉体のレベルを開くことになる。そして岩屋戸に籠ることで肉体、エーテル体、アストラル体の調和をエーテル体において得る。天照大神の肉体が開くことでその「光」は物的な世界にも作用を及ぼすことになるわけである。これは神仙道でも同様で性命双修の教えがある。「性」とは神（アストラル体）のことで、「命」は精（肉体）のこととされる。そして神と精とが共にあるべき状態に戻されなければならないと教える。その上で神と精とを統合するのが気（エーテル体）なのである。

こうした新しく強力な「光」への再生が「天の石屋戸」の神話の核心となっている。また両部神道ではこれを修することで、肉体、エーテル体、アストラル体の三つのレベルを統一した「光」を出現させ得ると考えていた。ここでは阿字観や月輪観の瞑想を基盤としたイメージの観想を行う。それによって修行者は「天の石屋戸」を開いて天照大神・大日如来の「光」を得ることができる。この「光」はヨーガでいうならばクンダリニーが覚醒してサハスラーラ・チャクラが開かれることと同じといえよう。

須佐之男の命が怒りにまかせて暴れることで、高天原には肉体を使った強烈な感情の発露が初めて持ち込まれることになる。それにより平穏な高天原は欲望の洗礼を受けることになった。これは人の成長と同じである。嬰児の頃は感情のままに動く（エーテル体が開いている）が肉体はいまだ充分に整えられて（成長して）はいない。そうであるから自分の感情を発露しても泣くくらいで相手を負傷させるようなことはできない。しかし、少年になると肉体が整ってくるので感情のままに暴れると大きな問題となる。そして大人になってアストラル体が育って知性や理性を得ると感情や肉体を制御することができるようになる。須佐之男の命は肉体とエーテル体の開いている状態を表し、天照大神はアストラル体とエーテル体が開いている状態を象徴している。

「天の石屋戸」では制御されていないエーテル体のエネルギーの発露を怒りとして示している。こうした根源的な欲望を制御するためには、肉体、エーテル体、アストラル体の「光」が開かれ統合されなければならない。それが「悟り」とされるものである。自己の欲望のままである状態を仏教では「無明《むみょう》」という。「光」のない状態ということである。つまり「光」を得ることで無明が消えるとする仏教の教えは「天の石屋戸」の神話と同じ構造を持っているといえる。そうであるからこそ、神話の中でもこの部分が修行法として採られたのであろう。

天照大神が天の石屋戸に隠れしまうことで出現した「闇」を『古事記』では「高天の原みな暗く」と記す。そして、

「ここに万《よろづ》の神の声は、狭蝿《さばへ》なす満ち、万の妖《わざわひ》ことごとに発《おこ》りき」

と述べている。つまり高天原は暗闇となっていろいろな神々は好きかってなことをいうようになり、物質レベルでも種々の災いが生まれたというのである。これは須佐之男の命が高天原に入ることで初めて高天原に物的なレベルの働き（災い）がもたらされたためといえる。これは一見すると天照大神が岩屋戸に隠れることで生じたと考えるかもしれないが、地上で須佐之男の命が嘆き悲しむところでも、「ここをもちて悪しき神の音《こゑ》は狭蝿《さばへ》如《な》す皆満《みなみ》ち、万の物の妖《わざわひ》ことごとに発《おこ》りき」とほぼ同じことが起こったとしている。つまり高天原でも、地上でも同じ不都合が須佐之男の命によって生じているわけである。それはこれらの「災い」が、物質界・肉体のレベルが開かれたために生じたのであり、天照大神は高天原において物的レベルをも統合する必要に迫られたのであった。そうした統合を行う場所が岩屋戸であった。古代の日本では閉鎖された空間にある「魂」は成長したり、変容したりすると考えられていた。『古事記』では、未熟な神であった水蛭子《ひるこ》を「葦船に入れて流し」たと記している。これは「乗せて」ではなく「入れて」とあるのが重要であり、船という閉じられた空間の中に閉じ込めて未熟な魂の成長を促そうとしたのであった。またかぐや姫が竹の節に入れられていたこと、桃太郎が桃の中にいたことも、すべて閉じられた空間の中で未熟な魂が育ってこの世に出てきたことを意味している。

「天の石屋戸」の神話では新たな天照大神の「魂」の誕生を祝って天宇受売《あめのうずめ》の命が神懸かりとなり、神楽を舞うシーンが描かれている。『古事記』には、神楽をするに先だって天の香山《かぐやま》の聖なる牡鹿の肩の骨を使って占いをしたとある。これは天照大神の「魂」が充分に成長したかどうかを占ったのである。そして充分に成長したことが分かったので、その「魂」をこの世に招き出そうとした。天の石屋戸の前での天宇受売の命の「神懸りして」神楽を舞うシーンについて『古事記』には、

「天の石屋に汗気《うけ》伏せて踏みとどろこし神懸りして」

としている。「うけ（空笥）」は閉じられた空間のある容器のことである。樽か桶のようなものを伏せておいて、その上を踏んで踊っていたのであろう。神話のこの部分は両部神道でも重視しているので、また三重の灌頂で触れることになるであろうが、この「うけ」はまさに「天の石屋戸」と同じ、閉鎖された空間である。その上を踏んだということは、閉鎖された空間にある魂を振るわせて活性化させる行為がなされたということであり、魂のよみがえりを促すものであった。おそらくは、この天宇受売の命の神楽そのものが魂を育て変容させる秘儀であったのであろう。つまり「うけ」と「天の石屋戸」は鎮魂の呪術からすれば同じ「閉鎖された空間」になるわけで、そうした中にあって魂の成長や変容がなされたのであった。

天の岩屋戸の神話で「天の岩屋戸」と「うけ」のふたつの似たような「魂」の活性化の呪術が示されているのは、それぞれに意味することがあるためである。つまり「天の岩屋戸」の段階では天照大神は鏡に映るとある。それはエーテル体のレベルの「光」を表している。

アストラル体のレベルの「光」は、それを「光」として幻視することはできないが、エーテル体のレベルであればそれが可能となる。つまり「天の岩屋戸」では天照大神においてエーテル体のレベルでアストラル体、肉体が統合されたことを示している。

そして次の「うけ」は天宇受売の命が舞いをするとあるので、「肉体」を中心とする統合が示されているものと考えられる。つまり「天の岩屋戸」と「うけ」ではエーテル体を主眼とする統合と、肉体を主眼とする統合というふたつのレベルでの統合のあることが示されていることになる。「神懸りして」とあるのは天照大神が懸かったのであり、これはエーテル体のレベルでの統合よりもさらに進んだところに肉体のレベルでの統合のあることを教えているものである。これが芸能や武術へと結びつくことになる。また天宇受売の命のこのパフォーマンスは神楽の起源ともされているし、植芝盛平は合気道の発展形として神楽舞を試行していた。おそらく神楽舞とはアストラル体、エーテル体、肉体を、肉体のレベルで統合するものと考えていたのではなかろうか。

五、太古日本の「光」の秘儀

「鏡」は天津日高日子番能邇邇芸《あまつひこひこほのににぎ》の命が高天原から地上へと降る時に天照大神によって勾玉、剣とともに授けられる。そこで特に勾玉と鏡について次のように述べたと『古事記』にある。

「ここに其《そ》のおきし八尺《やさか》の勾玉、鏡および草那芸剣《くさなぎのつるぎ》」

この「おきし」は「招《お》きし」であり、岩波の日本古典文学体系の注に、

「天照大御神を石屋戸から招き出したの意」

とあるように、この八尺の勾玉と八咫《やた》の鏡は天の石屋戸の前の榊に掛けられていたものであったのである。それはまた天照大神の「魂」を天の石屋戸から招き出したものでもあった。「勾玉」は天照大神の「魂」の動きを象徴しており、「鏡」はその「光」を表している。既に述べたように天照大神の「魂」は天の石屋戸でアストラル体、エーテル体、肉体を統合して完成した姿となっていた。天照大神自身は完成された自らの「魂」の「光」が鏡に映るのを見て驚いている。勾玉は天の岩屋戸では榊の上の方の枝に付けられていた。また、下には白と青の「丹寸手《にきて》（木綿の布）」が付けられた。そうして鏡は中ほどの枝に掛けられたのであった。これは「玉」がアストラル体、「鏡」はエーテル体、そして「丹寸手」は肉体を象徴していることを示している。厳密にいえば「光」そのものはアストラル体のレベルで示現する。しかし、鏡に映った「光」はエーテル体のレベルのものとなる。つまり「天照」とは「天（アストラル体の光）」がエーテル体を照らし、て、い、る状態をいうものなのである。そうであるから、天照大神は、

「これの鏡は、もはら我が御魂《みたま》として、吾が前を拝《いつ》くがごといつきまつれ」

と言うのである。この鏡は自分、天照大神の御魂そのものとして、厳粛に祭りをするように、との申し伝えは、太古の神道の重要な立ち位置を明示するものといえる。「魏志倭人伝」には卑弥呼が銅鏡百枚をもらったとある。卑弥呼は「日の御子」であるから、あるいは天照大神の「子孫」として祭祀を行っていたのかもしれない。そのために鏡をひじょうに重視していたのであろう。また「鏡」が伊勢の神宮に収められていることも、太古の日本の神道がエーテル体の「光」を重視するものであっ

たことを示していよう。

この「鏡に写す」ということから、密教の月輪観や阿字観との共通性が両部神道において重視されることになる。もとより月は太陽の光を受けて輝いている。天照大神は太陽神ではない。太陽の「光」を神格化した神なのであり、そのため太陽の光を鏡で反射させることで照らすという働きを示す。つまり天照大神を「出現」させることが可能であった。太陽の光を受けて輝くという点において天照大神を「出現」させることのできる鏡は太陽の光を受けて輝く月と同じであった。

月輪観は密教の基本となる瞑想法である。これは描かれた白い丸を月に見立ててイメージの中で自分の胸に取り入れ、拡大または縮小する。これをベースにして、同様に「阿」の梵字をイメージすると阿字観となる。「阿」は大日如来を表しているので、月輪に「阿」字を置くのは、月に太陽の光が当たっているのと同じとなる。これは太陽の光を鏡に反射させて天照大神の「出現」を迎えること、つまり天照大神を招《お》ぐことであるとする古代の祭祀と、阿字観、月輪観が同じであるということになる。

阿字観を修していると自分の周囲がすべて霊的な「あ」の響きに満たされるようになる。『麗気記』には、

「阿字の原とは阿字の一点なり。阿字は五点なり。アイウエオの一点なり」

とある。「阿字の原」とは「あ」の響きの支配する空間（原）である。この世の存在は「あ」字の響きにすべてが集約され、この世のすべてのものは「あ」字から生まれている、と密教では説く。そうした「あ」の霊的な響きにおいて霊視されたのが「阿字の原」であり、それは「高天原」のことで

あった。つまり「高天原」は、
ta-ka-ma-ga-ha-ra
で「あ」の音で成り立っている。これを「阿字の原」というのである。つまり高天原は大日如来の「あ」字の響きに満ちた世界ということになる。そうであるなら、天照大神と大日如来は同じ存在であるとの結論に導かれる。こうしたことは「あ」の霊的な音を感じている時と高天原や天照大神を観想している時のイメージが重なるが如くの体験を通じて、次第に修行者の内的体験として熟成され、解明されるようになったことと思われる。

本来、月輪観や阿字観といったイメージを使う瞑想法は、いうならばバラモン系の瞑想法とすることができよう。中国や日本での瞑想法では、積極的にイメージを使うことはないが、インドやチベットではむしろイメージを使うことが多いように思われる。本来の仏教で基本となるのはイメージを使わない瞑想法である。もともと仏教は「一切は空である」との立場であるから、瞑想においてはただあるがままを観察して、それらが決して永続性を持たないことを知ればよいのである。しかし、こうした瞑想法はインドではあまり歓迎されなかったようで、次第にバラモン的なイメージを使う瞑想が仏教の中にも入ってくる。一方、中国や日本では天台宗や禅宗に見られるようなイメージを使わない瞑想がおおいに広まる。ちなみに、止観のテキストである『天台小止観』はそのまま坐禅のテキストとして使われる。

ヨーガなどでは師のことをグルといって特別な存在とする。これはチベット仏教でも同じである。

こうした絶対服従の関係でなければイメージを使った瞑想は実践できない。インドでは神々をイメージする瞑想がよく行われている。そして、それに熟達するとイメージの中での「神」は、あたかも現実世界に生きているかのように話したり、歩いたりするようになる。こうした心の状態は精神的な不均衡により生まれているので、心身のあるべき均衡状態を取り戻すにはそれを是正しなければならない。映画「奇跡がくれた数式」(二〇一五年)でも紹介されたインドの天才数学者のシュリニヴァーサ・ラマヌジャンは寝ている時にナーマギリ女神から数式を授かるのだと言っていたらしい。それは証明のない式だけであり、「絵を見るように」それを記録するとも言っていたようである。これはラマヌジャンが確かにアカシック・レコードにアクセスしていたことを証していよう。ラマヌジャンはアストラル体のレベルでアカシック・レコードにアクセスしてエーテル体あたりまではそれを統合することができていた。そうであるから数式をノートに記すことができたのである。しかし、肉体のレベル、論理のレベルまでは充分に統合ができていなかったと思われる。ラマヌジャンは病気で早逝してしまうが、これはアストラル体とエーテル体、肉体のアンバランスが原因ではないかと思われる。いくつかの優れた数式を発見した後はヨーガでもして心身の統合を行い、その証明に残された日々を使えば円満なる人生が送れたのかもしれない。歴史上、天才とされる人たちが往々にして早逝するのはこうした心身のアンバランスがあるのではないかと思われる。こうしたアンバランスを回避するためにグルは絶対的な権威をもって弟子に対する。弟子も絶対服従をしてグルの教えの通りにする。こうして間違いなく「現実のもの」として見えているビジョンを消し、精神的な危機を乗り越えるのである。インドの瞑想ではあえて精神の統合を失わせて、それを再び統合することで、どのような状態でも心をコントロールできるようになると考えている。

ただ、ビジョンの出現は瞑想をしていれば意図をしなくとも経験することではある。そうであるから禅宗の有名な教えに「仏に逢うては仏を殺せ」がある。これは『臨済録』に記されている教えで、仏から始まって達磨や羅漢、父母、親族（親眷）などのビジョンが出てくることがあると記している。そして、これらに出会ったならばすべて「殺せ」というのである。そうすることで始めて解脱が得られるとしている。これは仏や祖師である達磨を見ることができたり、そうした存在が語りかけたりしてくれると、修行者は自分が高い境地を得たと思って、それにとらわれてしまう。しかし、禅宗ではけっしてそうした執着はあってはならないという。また父母や親族の幻影についても、確かに瞑想をしていると、亡くなった父母や親しかった親族が出てきていろいろなことを告げたりすることがある。これは自分の隠れた思い（深層意識）が、精神的な不均衡状態によってそうした姿で出てくるのに過ぎないとされている。瞑想をしない人でも精神の不均衡が生じた時には、往々にしてこうしたものが出てくる。しかし如何なるビジョンにもかかわってはならないというのが禅の教えであって、どのような状況にあってもビジョンを積極的に修行に使うようなことはしない。

またチベット密教では、ビジョンを使う瞑想と、そうしたものを消して「空」を観じる瞑想がある。生起次第《しょうきしだい》と究竟次第《くきょうしだい》である。簡単にいうなら生起次第はイメージを生じさせる段階でヨーガに近い。チベット密教におけるビジョンはビジョンとして、その段階で「物」が幻影としてであれ確かに存在すると認識する。しかし、それは実際には存在しない。存在しない「物」であっても意識においては、実在する「物」と何ら変わりなく認識される。つまり、このことにより認識のレベル（意識のレベル）では、実在している「物」でも、実在していない幻影である「物」でも同様に消すことができるということが分かる。こうした意識の訓練ができていれば、たとえ心に執着が生まれるような「物」を見たとしても、それを消すことが可能となり、あらゆる執着から脱することができるようになる。これがビジョンを使って「空」を観じる仏教瞑想のひとつのテクニックである。

もちろん両部神道でも月輪観や阿字観を修するのであるが、それが「空」への認識というプロセスをたどるのではなく、そこから微妙に「逸脱」をしてしまうことになる。「あ」の音を観じている時に、なぜか光に包まれた中に「ta（あ）ka（あ）ma（あ）ga（あ）ha（あ）ra（あ）」のイメージが出てきて「高天原」とつながってしまうのである。また『麗気記』には「阿字の原」について、

「仏法中の金剛杵独鈷金剛なり」

とする霊視も記されている。ちなみに金剛杵には独鈷杵、三鈷杵、五鈷杵があるが、ここではその中の独鈷杵が「高天原」であるとしている。既に触れたように、独鈷杵は大日如来の象徴であり日本列島の象徴でもある。また、それは伊勢の神宮の心御柱でもあった。つまり日本は「あ」の響きに満ちている地域ということになる。これは天照大神から鏡が日本にもたらされた時から始まった。高天原も「あ」であり、天照大神も「あ」、そしてそれを写す「鏡」も「あ」の響きに満ちている。そうした日本に満ちている「あ」の響きとは麗気の響きでもある。阿字観をして「あ」字の響きを感得す

る時、「阿」字の描かれた月輪は霊的には天照大神が下した鏡そのものとなる。おそらく古代においては鏡で太陽光を反射するのを祭祀の空間において体験するだけで「あ」の音を観想するのと同じ霊的な体験がなされたのであろう。しかし中世あたりになるとそうもいかなくなった。そこで密教の高度な瞑想法を使って同じ霊的な体験が可能であることが霊視されるようになり、そこに両部神道が成立するのである。

植芝盛平もこれと同様の霊視を得ていたようで、

「自分が宇宙と一体となるのであります。それはとりもなおさず高天原と一体です。宇宙と一体となった自分の振舞いが、宇宙に輝やかに鳴りひびいてゆくのであります」

と述べている。「宇宙と一体」となるとは「あ」の霊的な響きと一体となるということであり、それはまた大日如来、天照大神と一体となることでもある。ここにおいて阿字観は体の中心を通る中脈を独鈷杵つまり心御柱とし、体を心御柱を覆う社、そして胸に月ではなく鏡を抱くことがイメージされるようになる。そして密教で阿字観として伝わったものが既に伊勢の神宮としてその教えが示されていたとの霊視が得られる。このように両部神道では霊視を深めたのであり、阿字観はこうした「逸脱」を経て両部神道の中に溶け込んでいったのである。

「この宇宙全体が神の姿であります。木で造ったお社の中ではなく、八百万《やおよろず》の神さまに人間の生き宮の中に入ってもらうのです。そして速やかに小さな殻を破って、腹中に悉く十里四方（宇宙、神のみ命《いのち》）を鎮めることです」

もちろん具体的な方法として盛平が両部神道の「阿字観」を修していたのではあるまい。しかし、霊的には同じ状態を盛平が霊視していたことも間違いのないことであろう。二〇一四年、卑弥呼の時代の鏡として知られる三角縁神獣鏡を3Dプリンターで復元したところ魔鏡であることが分かったとの報道があった。魔鏡とは一見してなにも描かれていないように見える鏡に光を当てると反射した光の中に像が映し出されるというものである。こうした工夫がなされているということは、鏡に反射する「光」の中にある種の霊的なものが出現すると考えられていたことを証明するものであろう。つまり、それは阿字観とまったく同じなのである。後に阿字観として伝わるのと同じ信仰の形が鏡を好むとされた卑弥呼の時代からあったのであり、これは大日本国は「『大日《だいにち》』の本《もと》の国」という中世神道の霊視の正しさをうかがわせるのに充分な発見であった、といえるのかもしれない。

六、エーテル体への覚醒

両部神道の行法としてここで取り上げるのは三輪流である。中世末期あたりにはいくつもの神道流派があり、三輪流のほかにも伊勢流、吉田流、熱田流、素戔尾《すさのお》（素戔嗚）流、八幡、御室、諏訪、御《ご》流《りゅう》の名が『御流神道談義抄』に出ている。こうした中にあって三輪流は太古よりの祭祀の遺跡が確認できる三輪山の信仰と深いつながりを持っている。大神《おおみわ》神社のある三輪山周辺は古くより連綿と祭祀が行われていた地域であった。三輪流神道については次のように評されている。

「三輪流神道は、三輪の神への信仰を中心とし、その神道思想における権威を確立するものであったが、その形を密教を用いた両部神道にとった（略）天照太神と三輪の神の同体を説く理論的な展開がある一面、行事作法において重点がおかれ、その整備と発展がみられた」（久保田収『中世神道の研究』天照大神も天照太神も同じ）

ここにもあるように、三輪流神道においては「行事作法」が特に重視されたのであるが、それは「灌頂」を軸として三輪流の伝授が行われていたことでも知ることができる。灌頂は密教の儀式の中でも最も重要な伝授の儀式であり、それを経ることなくして「法」を得ることはできない。三輪流では初重、二重、三重など伝授のレベルごとに「灌頂」（許し）を行っていた。両部神道や山王神道で最も重要とされたのは「麗気」の感得である。「麗気」を深く感得するには「自然」の中で修行をする必要がある。そうした中で三輪山など霊的な力の強いところがしばしば修行の地として選ばれたとみられている。

こうしたことを如実に知ることができるのが「神道曼荼羅」ではなかろうか。神道曼荼羅では自然の中に神や仏が描かれている。それはどのような麗気の「形＝神」を霊視することができたかということでもある。曼荼羅に描かれた「神」は衣冠束帯であったり十二単であったりする。またそこに「本地」とされる仏が描かれることもある。「本地」とは本地垂迹説で神とは仏が姿を変えて現れたものとする考え方によるものである。これは「麗気」を霊視した時に「神」の姿が見えたり、「仏」の姿が見えたりしたことを教えている。こうした曼荼羅を作成することで、ある人はたとえば三輪山に「仏」を霊視して、ある人は「神」を霊視してもそれは間違いではないと知ることができる。それには曼荼羅が正しいものでなければならない（ただ、もし曼荼羅に描かれているものと違うものを霊視したとしても、それは間違いではない場合もある）。とにかく、霊視の記録を残しておくことはさらに霊視をして深く「麗気」を感得するうえで欠くことのできない材料となったのである。

中世神道と同じような「自然」と深くかかわる密教の瞑想法に求聞持法《ぐもんじほう》がある。求聞持法は金星を象徴に持つ瞑想法ということができよう。求聞持法の本尊は虚空蔵菩薩である。金星を虚空蔵菩薩として修法を行う。こうした星を祭る信仰は中国の道教に顕著に見ることができる。そうしたこともあって求聞持法は中国で成立したのではないかとする説もある。求聞持法で使われる虚空蔵菩薩を描いた図像は白い円の中に菩薩像が描かれている。これは月の中に阿字を観る阿字観と同じである。阿字観が月の中に「阿」字を観想するのに対して、求聞持法では金星の中に虚空蔵菩薩を観想する。わたしは、いろいろな展示会でこうした虚空蔵菩薩の図像を見ることがあったが、不思議なことにアジナー・チャクラに刺激を感じる図像に出会うことがままあった。どの虚空蔵菩薩の絵でもアジナー・チャクラに刺激が感じられることはなく、特定の図像に出会った時にアジナー・チャクラへのアプローチを感じるのである。おそらくそうした図像は求聞持法の本尊として、アジナー・チャクラ覚醒の感覚が分かっている人が描いたか、描かせたかしたのであるに違いあるまい。アジナー・チャクラが刺激されるように微調整をして描かれないとそうしたことは起こらないからである。また修法の本尊として

求聞持法も阿字観も、金星、月に映るもの（虚空蔵菩薩、大日如来）という構図は同じ。密教では虚空蔵菩薩も大日如来の変化と考える。

【図3】

はそうした絵でなければなかなか成果を得ることは難しいと思われる。

阿字観の構造から考えれば求聞持法の本尊として使われる白い円の中の虚空蔵菩薩は、金星を照らす太陽の光であることになる。つまり、「虚空蔵菩薩」は太陽の「光」の神格化とすることもできるのである。阿字観では「阿」字、つまり大日如来が太陽の「光」の霊的な象徴とされていた。一方、求聞持法では虚空蔵菩薩がその象徴とされている。つまり、これらは等しくアストラル体の「光」を表しているのであり、こうしたアストラル体の「光」の象徴にどのようなイメージを受け取るかは、それぞれの修行者の内的な要因や目的とすることによって違ってくる。空海をはじめ古代日本の山林で求聞持法が多く修されたということは、そこに「光」としての天照大神とのなんらかの関係が霊視されていたためと考えられる。それはまた虚空の記録であるアカシック・レコードを、「天照大神」を通して読もうとする、つまり「託宣」を得ようとする意図のあったことを伺わせている。

月輪観では「月」を胸のところにイメージする。これはアナハタ・チャクラの位置である。確かに阿字観で「阿」字の音を聞くには、霊的な「音」に関係するアナハタ・チャクラを開く必要がある。一方、アナハタ・チャクラはヨーガの権威ある文献『シヴァ・サンヒター』によれば、「深紅の蓮華」で象徴されるとある。ここに「阿」字で象徴される太陽の輝きと重なるイメージの存することが分かる。つまり阿字観とはアナハタ・チャクラを開く行法なのである（図3）。

一方、アジナー・チャクラの部位に霊視されるのは「小さな点」で、それは天に輝く明星そのものといえる。求聞持法が実際の明星を見て行われるのは、それと同じものがアジナー・チャクラが開いた時に霊視されるからにほかならない。実際に明星を見ることでアジナー・チャクラのイメージを呼び起こすことが容易になることは確かで、ヨーガではこれを特にビンドゥ（点）を見ると言っている。これはまさに金星を見る感じに近いものがある。つまり、求聞持法とはアジナー・チャクラを開く行法なのである（図3）。

密教では阿字観と求聞持法はまったく別の行法であるが、月あるいは金星を象徴する白い丸に太陽の「光」を見るということではこのふたつの瞑想は同じとすることができる。あえて違いを見るならば阿字観はエーテル体をベースとし、求聞持法はアストラル体が主となるということができるかもしれない。空海は『三教指帰』で求聞持法を成就した時、「明星」を霊視したこととあわせて「谷」の「響き」を感じたと述べている。これはアナハタ・チャクラも同時に開いたことを示していよう。このことは空海の求聞持法が神道的なものであったことを示している。つまり、アナハタ・チャクラが同時に開いたということは、エーテル体の中心である中丹田つまりアナハタ・チャクラが開いたということで、これは神道的な鏡の中に太陽の「光」を見るアプローチに等しいわけである。空海は求聞持法を「一人の沙門」（『三教指帰』）から得たと記している。この「沙門」は「山林」での修行者とされている。おそらくこの段階で神道的なものがこの「求聞持法」には入っていたのではなかろうか。

つまり日本的な瞑想の中心はエーテル体、中丹田、アナハタ・チャクラにあることがこれで分かる。確かに日本文化は「気」の文化とされるように、ある程度は具象性を持っているものの方が日本人にはなじみやすいのかもしれない。つまり、エーテル界のレベルの方がアストラル界のレベルより親しみやすいということである。これは中世の神道で「麗気」がベースとなっていることでも分かる。「麗気」は「靄」のようなものとして感じられる。この感覚は神話に出てくる「狭霧《さぎり》」に近いものがある。つまり両部神道でいう「麗気」と『古事記』などにある「狭霧」は同じものではないかと思われるのである。

たとえば、「狭霧」は『古事記』の天《あめ》の安《やす》の河で神々を生むところに出てくる。これは高天原の天の安の河で天照大神と須佐之男の命が共に神を生む場面で、たとえば多紀理毘売《たぎりひめ》の命を生む時には、天照大神が須佐之男の命の持つ十拳剣《とつかのつるぎ》を三つに折って天の真名井《まない》ですすいで、噛み砕くのであるが、

「吹く棄《う》つる気吹《いぶき》の狭霧に成れる神の御名は多紀理毘売の命」

というように、息とともに噴き出した霧のようなものから、まさに霧の神として「多くの霧」つまり「濃霧」を意味する多紀理毘売の命が生まれたことになっている。『日本書紀』には、

「呼吸《いぶ》く気息《いぶき》は朝霧に似る」

とあることからすると「狭霧」は息に含まれる霊的エネルギーを象徴的にいう語であると理解できる。たんなる息の出し入れに霊的な力が加わると「気息」となるわけで、それが「狭霧」のイメージとして語られているわけである。つまり「気息」の「気」は霊的な力のことで「息」は空気の出し入れをいっているのであり、「気息」という捉え方はそうしたものが不可分の関係にあることを示している。このようなエーテル界のレベルの力は自然の中ではよく捉えることができる。「麗気」や「狭霧」の体験をすること、つまりエーテル体への覚醒、そこから両部神道は開かれることになる。

七、独鈷杵と十握剣

三輪流では初重、二重、三重の三段階の伝授を設けている。これについて『三輪流神道灌頂私記』『三輪流神祇灌頂二重私記』『三輪流神祇三重私記』によって具体的な瞑想がどのようなものであったのかを見てみようと思う。『三輪流神道灌頂私記』は『三輪流神祇灌頂二重私記』『三輪流神祇三重私

記』とは別の系統の本で、名称も「神道」となっている（ほかの二冊は「神祇」とある。神祇も神道も意味は同じ）。『三輪流神道灌頂私記』では初重を基本としていろいろと修法について具体的なことが述べられている。どれも密教の修法で使うような壇を設けて法具や供物を使うことが詳細に記されている。儀式的な要素が強い修法といえよう。特に初重、二重の段階ではそうした傾向が色濃く見受けられるが、三重になると瞑想的な色彩が強くなってくる。もちろん儀式的な修法の形式をとるにしても、重要なことはそうした「儀式」によってどのように「内面」に作用を及ぼすかにあるので、実際にこうした秘法を修する時には必ずしも「儀式」の次第そのままを実践しなければならないということはない。多くの法具などを使うのは初心の時にはあまり深く内面へ入ることができないので、儀式によってそれを助けるということもある。また別にはたとえこうした秘伝書を手にしたとしても、その本質がどこにあるのか分からないようにするということもある。以下に解説するのはこれらを瞑想の実践としてとらえた奥秘の部分に限定して説明をしている。こららの修法は基本的には月輪観、阿字観の応用である。

【図4】独鈷印

初重のところに「麗気壇」とあるが、これは「麗気」を感得することを目的としているためで、これはすべての灌頂において変わることはない。初重で授けられるのは独鈷印《とっこいん》である。図4にあるように独鈷印は両手を組んで行う。これにより体を正しく立てることが可能となる。小指側から三本の指を組むのは胸を開いて背中を適度に立てるためである。こうした姿勢になると気を鎮めることができる。また指が上を向いていることで気を上へと導くことも可能となる。これは神仙道での下丹田に気を集めて、小周天へと導くことと同じである。小周天では背骨にそって存している任脈を通して下丹田から会陰《えいん》、そして尾てい骨のあたりにある尾閭《びりょ》を通して頭頂の百会《ひゃくえ》まで気を通す。そして再び胸のあたりから下丹田へと戻す。この中で尾閭から百会へ気を上げるのが困難とされている。ヨーガでも尾てい骨のあたりにあるとされるクンダリニー・シャクティを覚醒させてクンダリニーを上昇させ頭頂（あるいはその上）にあるサハスラーラ・チャクラへ到達させるが、こうしたクンダリニーの覚醒は容易ではないという。

このようなエネルギーの上昇する流れを生じさせるのが困難であるのは、それが「逆」の流れであるからと神仙道では説いている。本来、人の体は上から下への流れがある。それに反する流れを体の中に生じさせようとするため、小周天の気の上昇は容易ではないと教えている（これはクンダリニーの覚醒も同様）。それではなぜ「逆」を修するのか。それは身体における微細なエネルギーや粗大なエネルギーの存在を感じるためという。神仙道では最も粗大なエネルギーは「精」で、「気」から「神」へと次第にエネルギーは微細になると考える。水の流れでも自分が同じ方向に流れていたのではそれを感じることはできない。しかし反対に進めば流れがどのようなものであるのかを明らかに知ることができる。こうしたエネルギーの状態を知ることで、粗大なエネルギー（精）から微細なエネルギー（神）を把握、コントロールしようとするのである。

同様の教えは神話の中にも見ることができる。『古事記』で建御雷《たけみかずち》の男《お》の神が出雲の伊那佐《いなさ》の小浜

に降りた時の描写で、

「十掬剣《とつかつるぎ》を抜きて、逆《さかしま》に浪の穂に刺し立て、其の剣の前《さき》に趺《あぐ》み坐《ま》して」

と記す。つまり十掬剣を逆さにして浪の上に立てて、その剣の先にあぐらをかいて坐っていたというのである。これは逆さに刺した剣の先に建御雷の男の神が依ってきたことを示している。剣を立てるのは体を正しく立てることであり、そうすることで「気」の上昇が生じてサハスラーラ・チャクラが開くことを、神が剣の先に坐ったと表現している。後に独鈷杵のところで詳しく触れるが法具・独鈷杵を表す独鈷印はこうした「剣」と同じ象徴であり、上昇（下降）するエネルギーの働きを示している。確かに独鈷印は密教のものであるが、そこに霊視される「霊的な独鈷印＝十握剣《とつかつるぎ》」においては古代の日本の神話の教えをそこに認めることができるのである。

八、初重　クンダリニーを覚醒する

三輪流の初重では独鈷印を受ける者はまず、

「天の岩戸へ行く」

とイメージをすることになっている。これより俗界を離れて聖なる世界、つまり麗気の世界へと入ろうとするわけである。このイメージができたならば、独鈷印が授けられる。そして独鈷印を組んだ

まま不動明王の真言である「ナウマクサンマムダバザラタカム」を唱える。そうなると、

「深く禅定に入り、十方に仏を見る」

という瞑想に入る。密教では「身《しん》」「口《く》」「意《い》」の三密を重視するが「身」とは肉体で、「口」はエーテル体、そして「意」はアストラル体を表している。ここでは、「身」は独鈷印（不動根本印）を結び、「口」では不動明王の真言を唱え、「意」では「天の岩（屋）戸」へ行くと観ずることを教えている。

またこれがどのような瞑想の状態であるかを伝える秘歌もあり、その意識の状態が明らかにされている。

「静かなる庵《いおり》を閉めて入《い》りぬれば、ひとかたならぬ仏をぞ見る」

静寂な庵の戸を閉めて、その中でひとり瞑想をしていると「仏」を霊視するというのである。「静かなる庵を閉めて」とあるのは瞑想をして深く自己の内面に入っている状態で、そうなると「ひとかたならぬ」という特別な仏を霊視できることになる。この「庵を閉めて」とあるのが「天の岩屋戸」につながっている。また、ここで不動明王とあるのは剣と一体化した倶利伽羅《くりから》龍王《りゅうおう》でなければならない（図5）。

『三輪流神道灌頂私記』によれば、

「月輪―不動」

とする秘伝が記されている。また同書には「神道絵図」として壇の周りに

「不動　月輪」

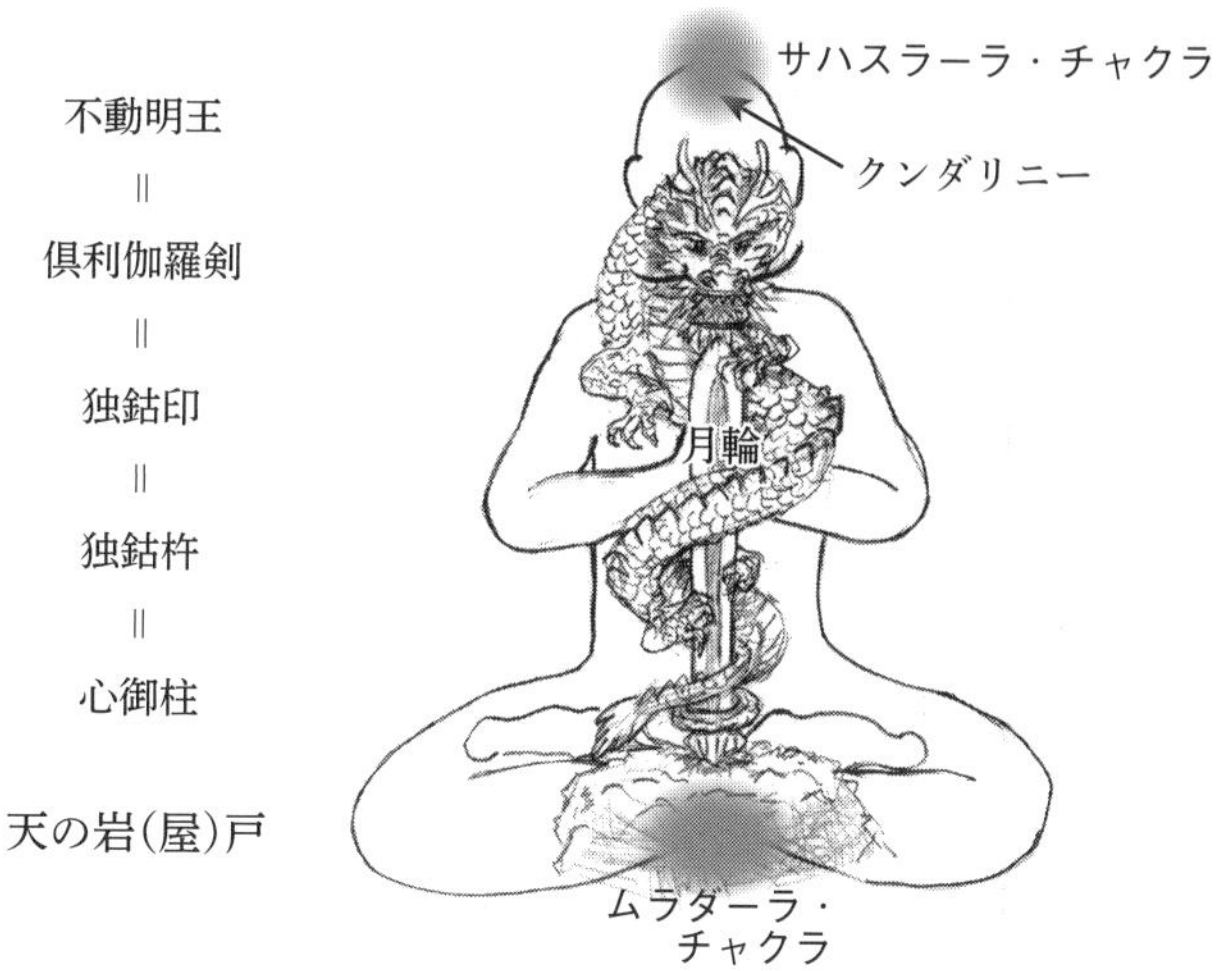

【図5】初重の灌頂（手印は独鈷印）

「不動　岩戸」（岩戸は原文のまま）の二幅を掛けるとある。倶利伽羅龍王は岩の上の倶利伽羅剣に龍が巻き付く形で示される。ここで「天の岩戸へ行く」とは、この「岩」の中に入るということである。これはまた、龍（クンダリニー・シャクティ）の眠るムラダーラ・チャクラに意識を集めるということでもある。そしてクンダリニー・シャクティを覚醒させると、クンダリニーは倶利伽羅龍のように体内を上昇する。そして胸のあたりに観想している月輪の中に不動明王の炎が燃えさかる。さらにクンダリニーはサハスラーラ・チャクラに入り、アストラル体の「光」を目覚めさせる。月輪という「静」の中に「動」である不動炎が燃えさかることは「静」と「動」の融合を示すものであるし、またムラダーラ・チャクラとサハスラーラ・チャクラの統合をいうものでもある。「月輪」はまた、古代神道でいう「鏡」

でもある。そして、その中の「不動明王」は「大日如来」でもあり、「天照大神」でもある。初重の教えによれば、

不動明王＝倶利伽羅剣＝独鈷印＝独鈷杵＝心御柱

とする図式を得ることができる。「独鈷杵＝心御柱」については既に触れたが、ここで新たに「独鈷印」が示されることで、修行者の内部において「不動明王」の働きが出現することになったのである。倶利伽羅剣の乗っている「岩」は倶利伽羅剣が不動明王であることからすれば、これは不動明王が坐っている瑟瑟座《しつしつざ》ということになる。瑟瑟座は井桁《いげた》を積み上げたような形で示されるが、これは岩を表している。つまりそれは神道的には磐座《いわくら》である。磐座は神の依り代であり、その上に不動明王が坐していたり、立っていたりするのは磐座に神が降りてきた姿と考えることができる。特に三輪山にはいくつも磐座があり三輪山への信仰の中心をなしていたのは磐座信仰であった。三輪流の初重の修法にはこうした太古の神道の姿を忠実に受け継いでいるところが顕著に認められるのである。

『古事記』には依り代としての磐座を考えるうえで興味深い伝承がある。天津日子番能邇邇芸の命《あまつひこほのににぎ》が木花之佐久夜毘売《このはなのさくやひめ》と結婚をする場面である。邇邇芸の命は笠沙《かささ》の御前《みさき》で美しい娘に出会う。これが大山津見《おおやまつみ》の神の娘の木花之佐久夜毘売で、邇邇芸の命は大山津見の神に結婚の許しを乞うたところ大山津見の神は快諾して、姉の石長比売《いわながひめ》とともに木花之佐久夜毘売を邇邇芸の命のところへと向かわせる。しかし、その容姿が良くないをことをもって石長比売は返されてしまう。そして木花之佐久夜毘売だけと結ばれる。これを受けて大山津見の神は、

「石長比売を使はさば、天つ神の御子の命《いのち》は、雪降り風吹くとも、つねに石《いわ》の如く」

と石長比売を遣わした理由を述べ、木花之佐久夜毘売については、

「木花之佐久夜毘売を使はさば、木の花の栄ゆるがごと栄えまさむ」

と言ったとある。つまり石長比売は雪が降って食べ物が得られないような時も、あるいは大風が吹いて自然災害が発生したような時にも、常にその命を保つことができる力を与えてくれる存在であったのであり、一方の木花之佐久夜毘売は木の花が咲くような繁栄の力を与えてくれる存在であった。しかし、邇邇芸の命は木花之佐久夜毘売だけをとった。そのために、

「天つ神の御子の御寿《みいのち》は、木の花のあまひのみまさむ」

となった。つまり長寿を得る力を失ってしまったのである。「木の花のあまひのみまさむ」は木の花のようにはかないという意味となる。ここでの石長比売は磐座祭祀を象徴しているのであり、それが人の生命力と関係するものであったことをこの神話は物語っている。つまり磐座祭祀を象徴する石長比売は、ヨーガでいうなら生命力の根源であるムラダーラ・チャクラということになる（倶利伽羅龍王を人体と見立てた時、剣は体の中のクンダリニーが通る霊的なルート、龍はクンダリニー、岩はムラダーラ・チャクラとなる）。

初重で特に強調されるのは「岩戸」として象徴されるムラダーラ・チャクラである。これはまた神仙道でいうなら下丹田ということになる。神仙道ではより明確に下丹田は生命エネルギーである「精」の中心であるとしている。ムラダーラ・チャクラも下丹田もそこにあるエネルギーが充実してくると

それは上昇を始める。岩（屋）戸が開くわけである。

一説によれば、こうした磐座信仰は物部《もののべ》神道によるものとされる。そうであるから、古代に失われた物部神道を磐座を巡って霊視しようとする人も少なくない。確かにここで紹介した邇邇芸の命の神話は石長比売が磐座祭祀を象徴するものと考えれば、木花之佐久夜毘売は神籬《ひもろぎ》祭祀を表すものとすることができよう。神籬祭祀とは「榊」などに神を依り付かせるもので、現在の神社神道として伝えられている祭祀はこの系統である。そうであるからこの神話は磐座祭祀が廃されて神籬祭祀が採られたことを表していると考えられる。ただ現在「榊」はそれに神霊を依り付かせるような使い方はされていないが、今でも玉串と称されるように、それは本来「たま（魂、神霊）」を依り付かせるものであった。古代には初めに玉串（榊）を立てて神霊を迎えて祭祀が始まるとされたのである。

失われた物部神道がはたして磐座祭祀を行っていたかどうかは明らかではない。しかし物部氏は後に石上《いそのかみ》氏を名乗るようになる。また石上神宮は中世には岩上大明神《いわがみ》と称されるなど磐座信仰との深いかかわりをうかがわせている。物部氏の「もの」とは「霊」ということであり「部」は専門集団の意となる。つまり物部氏とは霊的なことをつかさどる専門集団であった。また古代の物部氏は軍事をもって朝廷に仕えていた。石上神宮もかつては朝廷の武器庫であったとされる。そこには肉体の力と「もの」つまり霊的な力を統合して用いていた軍事集団の姿を見ることができる。あるいは物部神道そのものは古代に失われたのかもしれないが、その奥儀は三輪流などに残っていったのであり、それは合気道において「武術」として再び開示されることになる。

九、三輪流と失われた磐座信仰

『三輪流神祇灌頂図』では、初重の「得神」について、

「三輪大明神　又天照皇太神《あまてらすすめおおかみ》」

としている。ここで三輪大明神が出てくる。三輪大明神は蛇体とされている。つまりこれは倶利伽羅龍王と同じシンボルであるから最初に「不動明王」とあったことと変わりがないと考えられる。三輪大明神は中世あたりからの神名であり『日本書紀』などには大物主《おおものぬし》の神として出てくる。倭迹迹日《やまとととび》百襲姫《ももそひめ》の命は大物主の神の妻となるのであるが、この神は夜しか姿を見せない。昼にその姿を明らかに見たいというと大物主の神は、

「汝《いまし》が櫛笥《くしげ》に入《い》りて居《お》らむ」

と答えた。汝の櫛笥（櫛を入れる箱）に入っていようというのである。そこで倭迹迹日百襲姫の命は、夜の明けるのを待って櫛笥を開けてみる。

「まことに美麗《うるは》しき小蛇《こをろち》あり」

櫛笥の中には小さな蛇がいた。つまり大物主の神は蛇体を表したのである。大物主の神の「大物」の「大」は偉大であること、「物」は霊ということであるから、この神は偉大な霊力を持つことが

分かる。そうした神が櫛笥という閉鎖された空間に入っているわけで、これは三輪流でいう「岩戸」と同じことになる。つまり閉鎖されたところにあって、蛇体であり、大きな霊力を有しているということは、これはまさにムラダーラ・チャクラに眠るクンダリニー・シャクティそのものといえよう。

『古事記』にも意富美和《おほみわ》の大神は夜しか現れないとある。不思議に思った妻が衣に糸を通した針を付けておいて翌朝それをたどっていったところ「美和山《みわ》」の「神の社」のところまで続いていた。また糸は、

「三勾《みわのこ》遺りし」

とあり、これによりこの地を「美和」というようになったとしている。三巻というのはクンダリニーが三巻半のとぐろを巻いて眠っているとされるのと同じとすることができる。また『日本書紀』には大己貴《おほあなむち》の神が自らの幸魂、奇魂と出会うところで、

「神《あや》しき光、海に照《てら》して、忽然《たちまち》に浮び来るものあり」

と記している。この不可思議な「光」に大己貴の神が「これ誰ぞ」と問うたところ「汝が幸魂、奇魂なり」と答えたのであった。そしてその希望を受けて三諸山《みもろ》つまり三輪山に宮を建てて鎮め祭ったとある。不可思議な「光」が海中から浮かび出てきたとするのは現在も出雲地域で信仰のある龍蛇神と同様であろう。龍蛇神はセグロウミヘビであり、その海中を遊泳する様子はまさに光るものが浮き出てくるように見えるという。つまり、ここでも「蛇」のモチーフが見られるわけである。そして海

にきらめく「光」とは三輪流にある「天照皇太神」と同じものといえる（「天照」の「天」は「海《あま》」であり海を照らすの意とされる）。

大己貴の神が自分の魂であるのに分からなかったのは、それがただ「光」として示現していたからにほかならない。幸魂、奇魂の働きはエーテル体のレベルである。それがアストラル体のレベルになるとただ「光」としてのみ霊視される。つまりアストラル体のレベルでは幸魂、奇魂といった区別はない。まさに「忽然に浮び来る」という表現の通りにアストラル体のレベルでは「衝動」として「光」を霊視するのみなのである。この神話はアストラル体のレベルでの「衝動」としての「光」の感得から、エーテル体のレベルでの「認識」についての経緯をよく伝えている。

また鎌倉時代の書であるが『倭姫命世紀《やまとひめのみことせいき》』には、天照大神を祭ったところとして「倭美和乃御室《やまとみわのみむろ》嶺上社《みねかみのみや》」が三輪山山頂にあったと記している。これは三輪流に合わせて建てられたとも考えられるし、既にこうした社があることでその意味を霊視して三輪流の修法が作られたと考えることも可能である。美和乃御室嶺上社の「室」とは岩屋（洞窟）のことであるから三諸山を御室（山）として、岩戸を蔵する山と見ていたことがこの社の名から知ることができる。またその頂上の嶺上社に天照大神を祭るというのも三輪流の修法そのものといえよう。

こうした倭美和乃御室嶺上社にある「御室」からは磐座信仰の存在を色濃くうかがうことができる。古代の日本では他にも不思議な石の建造物があった。兵庫県生石神社の「石の宝殿」である。これは明らかに加工されている大石造建造物で『播磨国風土記』にはこの石のことが出ているから奈良時代にはあったことはまちがいあるまい。

「作り石あり。形、屋の如し。長さ二丈《つえ》。広さ一杖五尺。高さもかくの如し。名号を大石といふ」

「石の宝殿」が加工物であることは、その形状からして明らかであったようであるが、その由来などはまったく分からなくなっていたようである。つまり磐座としての祭祀は途絶えていたということになる。すでに『風土記』が編纂された奈良時代には分からなくなっていたのであるから、古代も早い段階で磐座についての教えは秘教となっていたと考えられる。また明日香地方には鬼の雪隠や鬼の俎板、益田岩船《ますだのいわふね》、猿石、石人像などを初めとしていくつもの謎の石造物がある。こうしたものについてもどのように使われたのかよく分からないとされる。これらからいえるのは磐座信仰は広く分布しており、それは古代には人工物として作られることもあった。しかし、その頃には秘教となっていたようで、これが何を意味するのかを知る人は多くはなかったと思われる。物部氏にしても朝廷へは軍事や警察の部門で仕えており、祭祀は中臣氏が担っていた。もし物部氏が磐座信仰の秘儀を伝えていたとしてもそれは家の中の私的な祭りとしてであったと思われる。

宗像大社の奥津宮である沖ノ島は古代からの祭祀遺跡がそのままに残っていることで有名で、「海の正倉院」ともいわれるが、そこで最も古いのは「岩の上」での祭祀であり、それが「岩の下」そして「半露天」「露天」へと次第に移っていったとされている。祭祀は時代を追って岩から離れて行われるようになったわけである。このように沖ノ島でも次第に磐座祭祀は失われる傾向にあった。沖ノ島で岩から祭祀の場所が離れるのが七世紀の頃とされている。奈良時代あたりである。七世紀あたりから露天へと祭祀が移っていったということは、奈良時代あたりには磐座祭祀の意義が完全に見失われていたということであろう。祭祀は伝統を踏襲することを重視する傾向が強いので、おそらくは磐座祭祀の意義が分からなくなってもしばらくは続けられたと思われる。そしていよいよ奈良時代あたりになってその理解が完全に失われてしまい、露天へと移っていったのではなかろうか。

初重の麗気壇では麗気を感得するのであるが、そこで重要となるのが感覚の浄化である。これを示しているのが「天照皇太神」という神名で、天照大神をこう記すことは中世あたりから顕著に見られるようになる。「皇」とはこの神が皇室と関係のある神であることを示す他に「すめ」という語が「澄」と解されて清浄なる神とする信仰が一般化した。確かに麗気を感得するには感覚の浄化が求められる。

植芝盛平も、

「綺麗に澄んだ気体の美しく揃った営みの有様で、自分の心を綺麗に澄ませ、ますます美しくなって、六根を清浄にするのである」

と教えている。「綺麗に澄んだ気体」というのがこの「麗」気壇で会得されるべきものでもある。ちなみに「六根」とは眼、耳、鼻、舌、身、意でこれらが浄化されれば正しい感覚を得ることができるとされる。その証となるのが麗気の感得なのである。

十、二重　アストラル体、エーテル体、肉体を統合する

次に二重の灌頂を『三輪流神祇灌頂二重私記』によって見てみることとする（図6）。ここでも月輪観がベースとなっている。二重灌頂では、初めに頭上に「ケン」の種字をイメージする。そして、その字が輝いていると観想する。ケンには「空」の意味がある。頭上で空なるイメージが輝いているとするこの「光」の瞑想は、初重で「天照皇太神」として出現した「光」をより純化することを目的としている。純化するとはアストラル体のレベルの「光」を純粋に霊視するということである。既に触れたが、天照大神（天照皇太神）の「天」とは「海《あま》」でもある。そうであるから「天＝海」で海面を輝かせて昇る朝日がそのイメージのひとつにあるとされている。これは太古には海を照らして出現するウミヘビであり、後には海を照らす太陽の光と考えられるようになった。それはともかく、ここで「照」らす働きを持つ「光」として認識されるのはエーテル体のレベルであるが、「光」そのものはアストラル体のレベルで発せられている。ここではまず空を観じることでアストラル体のレベルの「光」を正確に霊視する。

つまり「空」を意味する「ケン」字を輝かせることはアストラル体のレベルでの「光」を霊視しやすくするためにほかならない。一方、エーテル体のレベルで霊視される「光」にはいろいろな気持ち、

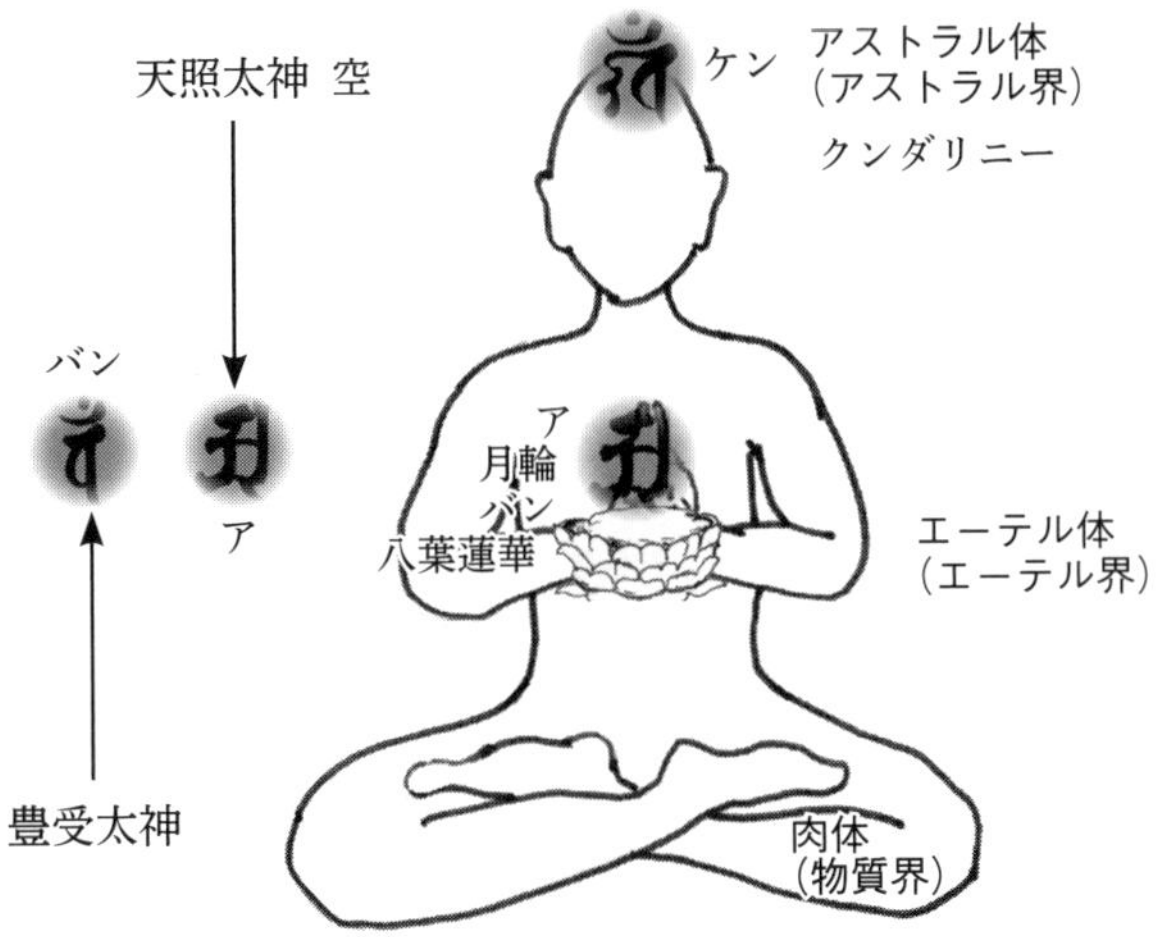

【図6】　（手印は独鈷印）

思いが入り込んでくるので、それを「解釈」して理解することになる。「光」が不動明王の炎であったり、大日如来の霊光であったり、天照大神の輝きであったりするわけである。それはそれでよいのであるが、一度はアストラル体のレベルに入ってそうしたものの根源となる「光」のあることを体験しておかないと不動明王なら不動明王という解釈を絶対的なものと考えてしまうことになりかねない。そうした「とらわれ」から脱するためにもアストラル体のレベルでの「光」の体験は重要なのである。

『三輪流神祇灌頂二重私記』には、

「定印を結ぶ。想へ。受者の頂上に𑖏𑖽《ケン》字あり、
光明赫奕《かくえき》たりと」

と定めている。定印とは独鈷印でこれは初重を受けていないと分からないようにわざと具体的に記していない。

「心の中に月輪あり。輪上に八葉蓮華あり。
蓮華上に𑖪𑖽《バン》字あり。
変じて豊受太神となる。
この心の月輪の上に𑖀《ア》字あり。
変じて天照太神となる」

この部分は月輪観から阿字観の応用である。八葉蓮華を月輪の下にイメージするのは阿字観と同じで、蓮華に月輪が乗ったような観想を行う。その蓮華の上に「バン」を置く。「バン」は金剛界大日如来を表す。そしてこれを豊受太（大）神へと変化させる。また月輪の上に「ア」を観るのは阿字観と同様で、これは胎蔵界の大日如来を表している。「ア」も変じて天照太（大）神となる。

アストラル体のレベルで霊視される「光」は、「光」があるという衝動のようなものとして認識されるだけで、厳密にいうなら、それを「光」と分かるのはエーテル体のレベルでなければならない。三輪流では「光」の衝動を「ケン」という輝きとして観じる。頭頂の空なる「ケン」の輝きは、胸の月輪を照らす。そうなると、月輪に天照太神の「光」が見られることになる。これはエーテル体のレベルの「光」であり、実際に輝きを見ることがこのレベルで可能となる。胸のあたりは神仙道でいえば中丹田で、中丹田は下丹田と上丹田を融合させる場所でもある。一般的にヨーガはサハスラーラ・チャクラやアジナー・チャクラなど上丹田を重視するように思われる。一方、武術などでは下丹田が重んじられる。しかし神仙道では性命双修を説いており、霊的な働きをいう「性」の中心である上丹田と体の働きをいう「命」をつかさどる下丹田を統合させなければならないとしている。そこで中丹田が重んじられるわけである。

ここに紹介した月輪の場所も中丹田と考えてよかろう。初重では「三輪大明神　又天照皇太神」とあったが、ここで太陽の光に関係する「天」の天照皇太神と、磐座などと関係の深い「地」を示す三輪大明神がひとつであるということを教えている。これはもちろん天照皇太神が上丹田で、三輪大明神は下丹田ということになる。つまり初重で上丹田と下丹田を開くことができたので、二重ではそれらを中丹田で統合しようとしているわけである。また豊受太神は食物の神であるから大地に関係しているので下丹田、そして天照太神は上丹田とつながる。それが中丹田でひとつになるわけである。

このことは次の「金剛杵」の伝と深く関係している。

『三輪流神祇灌頂二重私記』には、

「次、三種の神器を授く」

とあり、そこには、

「諸神金剛灌頂の儀、汝はすでに如法《にょほう》灌頂竟《おわ》りぬ。

神祇の体性しなしたる故、汝まさにこの金剛杵を受くるべし」

と記されている。つまり、諸神の金剛灌頂の儀式は法に定められた通りに終わったので、修行者はすでに「神祇の体性」を得ている。このことはつまりは「金剛杵」を得ているということであるとしている。「諸神金剛灌頂の儀」とは天照皇太神、三輪大明神、豊受太神として示されている働きが開かれたということで、これにより修行者は「神祇の体性」が得られることになる。「体性」の「体」とは天照皇太神、三輪大明神、豊受太神などで示されている神々のことであり、「性」とはそこに含まれている本当の意味（三神の統合、三丹田の統合）ということである。そして、こうしたことを体得できたことのシンボルとして自分自身が「金剛杵」となるわけであり、この「金剛杵」とは具体的には独鈷杵である。独鈷杵は両端は三角であるが、中央は手に持つために丸くなっている部分がある。これを「鬼目」といい大日如来を表すとされている。つまり独鈷杵を人体にたとえた場合に「鬼目」は中丹田となる。加えて『三輪流神祇灌頂二重私記』には「金剛杵」とある横に小さく、

「一剣　三鏡」

と記されている。これについては『三輪流神道灌頂伝授録』に次のような説明がある。

「三種の神器は各別《おのおのべつ》なりといえども、実はこれ神璽の一物なり」

つまり、三種の神器とはいうが、つまるところはひとつであるというのであり、三種の神器は金剛杵ひとつとして統合されることになる。また次のようにもある。

「独鈷形は、神璽はこれすなわち一切諸神の総体、一切衆生の心性なり」

ここの「神璽」とは三種の神器のことである。そして三種の神器とは「一切諸神の総体」であり「一切衆生の心性」であるとしている。そしてそれは「独鈷形」として霊視されるというのである。「一切諸神の総体」とは「諸神」はアストラル体（界）のことで、「総体」は肉体（物質界）といえる。つまり「一切諸神の総体」において示されているのは、アストラル界の神々が物質界において現れたの

が「三種の神器」であるということである。また「一切衆生の心性」の「衆生」は肉体（物質界）で、「心性」がアストラル体のこととなる。これは「三種の神器」として物質界において示されているのは、アストラル界に属する心の本質（性）であるということになる。そうであるから、これらをまとめると次のようになる。

諸神の総体	アストラル体―肉体	天照皇太神	天照太神
衆生の心性	肉体―アストラル体	三輪大明神	豊受太神

こうしたことを視野に入れれば『麗気記』（心柱麗気記）に記す伊勢の外宮と内宮のことも容易に理解できることであろう。

「この杵（独鈷杵のこと―引用者註）は我身三昧耶形《さんまやぎょう》が故に、二所皇大神宮《にしょこうたいじんぐう》はもって我がバサラをもって宗となす。バサラとは独鈷」

つまり独鈷杵は「我身」の本質を示しているのであり、それは内宮と外宮で示されていることと同じであるとする。「バサラ」はバジェラで金剛杵のこと、そして「三昧耶形」とは仏菩薩を法具によって象徴させるものとされており、金剛杵は大日如来を象徴している。これは伊勢の両宮も「我身の三昧耶形（本来の自分自身）」も肉体（物質界）とアストラル体（アストラル界）の統合を示しているということである。

こうしてみると、ここで肉体、エーテル体、アストラル体を統合する優れた瞑想法が提示されていることが分かる。興味深いことに初重では三輪大明神や倶利伽羅龍王（不動明王）に見られるようなヨーガ的な色彩が強く、クンダリニーの覚醒を促すものとなっていた。あえていうなら三輪大明神はムラダーラ・チャクラに眠るクンダリニー・シャクティであり、それが覚醒して天照皇太神で示されるサハスラーラ・チャクラが開くことが示されていたということができよう。次の二重では胸に月輪をイメージすることで中丹田が開かれる。二重では龍などのクンダリニーを思わせるようなイメージは影を潜めて神仙道で見られる上丹田（天照太神）と下丹田（豊受太神）とをむすぶものとして中丹田に位置する月輪の中に「バン」と「ア」字が観想された。ここに伊勢の両宮がそろうことになる。伊勢の両宮で示されているのは性（天照太神・内宮）と命（豊受太神・外宮）の統合であり、それらを共に修する神仙道と同じ修法（性命双修）が二重では伝授されていたのであった。これらは仏教に由来するインド的な修法と神仙道の瞑想を高度に融合させたものとすることができる。

十一、三重　日常においても調和を保つ

最後は三重の灌頂である（図7）。ここでも基本は月輪観（阿字観）となる。『三輪流三重灌頂』には、

「心中に白蓮華あり。開敷円満《かいしきえんまん》せり。
大日霊貴《おおひるめむち》の尊、その上に坐す」

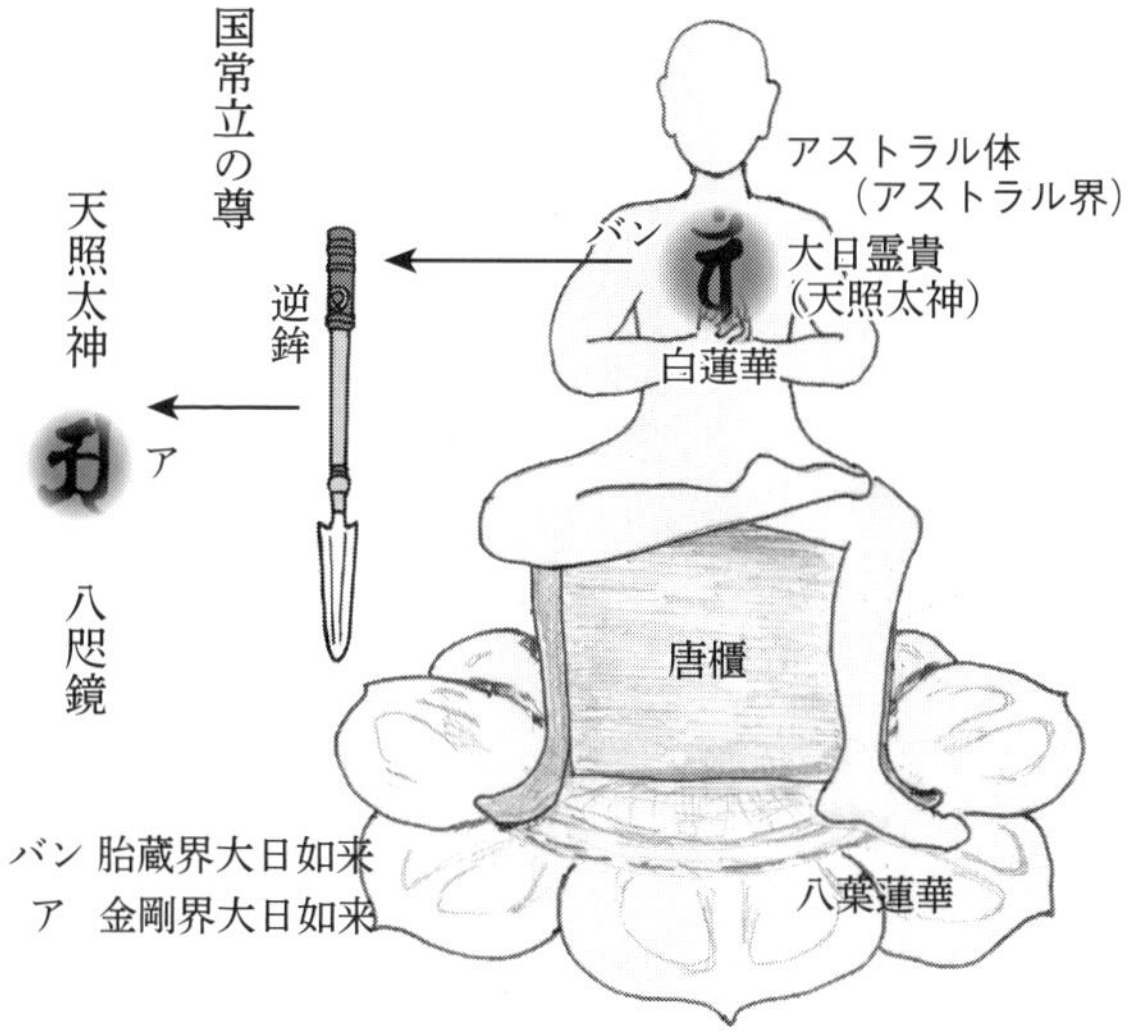

【図 7】三重の灌頂　（手印は独鈷印）

としている。「大日霊貴の尊」は天照大神のことである。開ききった白い蓮の上に天照大神が坐っているとイメージをする。三重で特徴となるのは次である。

「受ける者を唐櫃《からびつ》に腰を掛けしむ。
両足は八葉を踏む（左は先　右は後）」

ここでは唐櫃に坐るとある。唐櫃を用いるのは天の岩（屋）戸の前で天宇受売の命が「うけ（槽）」の上で踊ったことによる。これが『古事記』に記されていることは既に触れたが、「うけ」を伏せたとあるのは密閉された空間を作るためで、こうした空間に置かれた魂は活性化されると信じられていた。また「天の石屋戸に汗気伏せて」とあるが、この場合の岩屋戸と「うけ」の位置関係はどのようになっているのであろうか。ちなみに『日本書紀』では、

「天石窟戸《あまのいはやと》の前に立たして」

とあり、天の岩屋戸の前で「作俳優《わざをぎ》」をしたとする。「作俳優」とはおもしろいパフォーマンスをしたということで、『日本書紀』では「うけ」も「神懸り」も消えている。また天宇受売の命のいる場所も岩屋戸（石窟戸）の前と明記する。『古事記』が「天石屋戸の前に」ではなく「天の石屋戸に」とあるのは「うけ」と「石屋戸」が一体化したものであるためで、『日本書紀』では既に魂を活性化する秘儀の意味が分からなくなっていたことがうかがえる。こうした失われた秘儀を三輪流の唐櫃の伝では受け継いでいる。つまり、唐櫃とは「うけ」であり「石屋戸」であるということである。

「左は先　右は後」

とあるのは、坐して瞑想している坐を解いて立とうとしている様子で、如意輪観音などは多くこうしたポーズをしている。右足はいまだ瞑想の時のままで左足を解いて下に降ろしている姿である。これは瞑想を止めて衆生のもとに行こうと立ち上がろうとしているところとされている。つまりこれは岩屋戸から天照太神が出ようとする形なのである。

またここでは「八葉を踏む」とあったが「八葉」については『三輪流神道灌頂伝授録』に、

「八葉の形は神鏡の徳を表す。神道、八数を崇むることは、五行三才の合わせて八と為る。これをもって万法、尽くる故。また四方四隅を合わせて八と為す。これとこれ神徳の八方へ垂るる義なり」

としている。つまり同書によれば、「八葉」とは「鏡」の徳を示すのであって、「八」は五行（木、火、土、金、水）と三才（天、人、地）であり、また「四方（東、西、南、北）四隅（北東、南東、南西、北西）」

でもあるという。要するに全宇宙ということである。「神徳」が全宇宙に及ぶことを「八葉」は示しているわけである。

また唐櫃の上に腰を掛けた行者には次に「逆矛《さかほこ》」が伝授される。

「次、大阿闍梨、逆矛を執りて、本末を傾けずこれを授く」

指導者である大阿闍梨が修行者に「逆矛」を授けるのであるが、この時に「本末を傾けず」とある。剣の先と柄との位置関係を間違えることなく、つまり通常とは「反対」になっていることを修行者に明らかにせよということである。これは実際に矛を与えるのではなく、「矛」のイメージを教える時に先を下に向けた形で観想をするよう指導するわけである。

そして修行者は、

「𑖪𑖽《バン》字を心の上に観ず。
𑖪𑖽字、変じて瓊矛《ぬぼこ》となる。
矛、変じて国の常立《とこたち》の尊となる」

とする観想を行う。「バン」は金剛界の大日如来を表す。これが「天の瓊矛」と変化するとイメージをするのである。「天の瓊矛」と「逆矛」は同じで、神話では伊邪那岐の神、伊邪那美の神が天の浮橋から降ろすことで淤能碁呂《おのころ》島ができたとされている（『古事記』では天の沼矛、『日本書紀』では「天之瓊矛」とする。これが中世あたりから「逆矛」とも称されるようになった）。またこの「逆矛」は「国の常立の尊」と変じる。「常立」を三輪流ではひじょうに重視しており、独鈷杵でも剣でも心御柱でも、すべて「立」ということにおいて霊的世界と物的世界がむすばれると考えていた。「逆矛」は天から地へ向かって降ろされ、国の常立の尊は地から天へと向かって立っている。「逆矛」が示しているのはこのふたつの流れで、アストラル体から肉体（逆矛）へ、そして肉体からアストラル体（国の常立の尊）へとするむすびの関係のあることが教えられている。これは既に触れたように神仙道でいう「性命双修」であり、こうした流れは進陽火（上昇）と退陰符（下降）として重視されている。これを小周天というが、太陽の動きに代表されるような上昇と下降は大宇宙にも等しく生じている（大周天）し、体内（小周天）においても見ることができるとする。

こうしたふたつの流れは二重の灌頂にあっては、「天照太神」と「豊受太神」の働きとして示されていた。そこで伊勢の内宮と外宮の関係で示されていたことが、三重では「逆矛」と「国の常立の神」で表されているのである。ただ、伊勢の内宮と外宮には関係があるが、逆矛と国の常立の尊ではまったく関係がない。これらを結び付けたのはすべからく両部神道家による霊視の結果である。両部神道ではここにどのような教えを霊視していたのか。それは次のように記されている。

「この天の逆矛は諸神の体性にして、国の常立の尊、自ら賜るところの物なり」

ここにある「逆矛」とは、神々の本来のエネルギーの形（体性）を象徴するものであるということ、つまり霊的なエネルギー、アストラル体のレベルにおける衝動を表しているとする。そして「国の常立の尊」はそうしたものを受けている自分自身であるという。そして最後に、

「恒《つね》にまさに受持すべし」

と結んでいる。常に霊的なものを受けることのできる心身であれということである。神仙道ではこれを「一を抱きて離すこと無し」と教える。「一」とは先天（アストラル界）であり、それを後天（物質界）の世界にいる自分が常に抱いていることが大切であるというもので、先天後天の合一が説かれている。これと同じことを三輪流の三重では体得することになる。三重で唐櫃に腰を掛けて瞑想をするのは岩屋戸から出ようとする姿であり、これは日常においても霊的なものと一体であることのできるようでなければならないという教えとなっている。こうした常にある種の特殊な瞑想意識状態にあることを「立」ということで見出したのが両部神道であった。矛を「立」てる、常に「立」つこのふたつがひとつになった心身の状態がここに完成されることになる。

次に授けらるのは「八咫鏡《やたのかがみ》」である。

「心の上において𑖀《ア》字を観ず。
変じて八咫鏡となる。
鏡、変じて天照太神となる」

今度は心に胎蔵界の大日如来を表す「ア」をイメージする。それが八咫鏡となり、さらに天照太神となるとする。八咫鏡の観想はこれまで見てきたのと同じで阿字観の大日如来と天照太神とを等しい「光」の存在として霊視をすることによる。また「八咫鏡」については次のような教えがある。

「この八咫鏡は五大和合、三才相応、日の神の魂魄なり。十界処具の八葉蓮華は、自心の本分なり。まさに琢磨すべし」

ここでは八咫鏡が象徴するものとして「五大（地、水、火、風、空）」が和合しており、「三才」は相い応じて調和が見られるとする。つまり宇宙のすべてが和合しているということである。またこの鏡は「日の神（天照太神）」の魂（霊体）と魄（肉体）でもあるとある。つまり霊的、物的なあらゆる存在が和合しているということである。また八咫鏡は「十界（地獄、餓鬼、畜生、修羅、人間、天上、菩薩、仏）」に遍く関係しており、「八葉（ここでは四方四隅）」の及ぶ自分の心の本当の在り方（本分）であるとも説いている。要するに剣も鏡も共に全宇宙の和合をシンボライズするものということである。

こうした中で三重では最終的に心に「八葉」をイメージして、足下にも同様に「八葉」を踏むとする。そしてこれらは「鏡」の「徳」を示すものと教えている。「八葉」については後の山王神道でも詳しく触れるが、八葉と鏡の組み合わせは「三角」と「円」の組み合わせであり、直線の動きと曲線の動きを象徴している。つまり鏡の「徳」としてこうした「力」が表れるというのである。三重では瞑想から立ち上がることが示されている。これは日常の生活においても「天照太神（大日如来）」として象徴される霊的なものと離れることなく一体であることのできる状態を成就することを示している。そうなるとこうした和合（和）による武術的な展開も当然に予想されるが、こうした部分については山王神道や十種《とくさ》の神宝《かんだから》で詳しく触れたいと思う。

第二章◉秘匿された極秘伝「三角体」——山王神道

一、「逸脱」の情熱

山王神道は天台宗系の神道である。そのため天台宗の瞑想法である止観をベースとしている。止観については天台智顗《ちぎ》（五三八―五九八）の『摩訶止観』がよく知られている。また智顗の説いたことを同じく浄弁（?―一三五六?）がまとめた『天台小止観』もある。止観は基本的には仏教の瞑想法であるが、やや中国化している部分もあるようで、その意味においては阿字観や月輪観がインド的な色合いを顕著に残しているのと違いを認めることができる。いうまでもないことであるが、その最大の違いはイメージを使うか否かにある。止観ではイメージを使うことはない。また中国化した仏教瞑想法であるから禅宗の坐禅との大きな差異は認められない。そうであるから『天台小止観』は坐禅のテキストとしても使われることがある。

両部神道の瞑想法は、神話にある天の石屋戸のシーンを再現、体験することで天照大神すなわち大日如来の「光」を霊視しようとするものであった。一方、ここで取り上げている山王神道では「神話」を霊視して、その本来の姿であるアカシック・レコードをいかに読んだのかについて紹介している。そうであるから『古事記』や『日本書紀』の「神話」は解体されて霊視の結果を表すために「正しい姿」に改められる。これは中世神道の研究者がいうように単に山王神道が「神話」によって自説をむやみに展開しているためではない。適当な付会であれば、そこに深遠な意味を読み解くことはできないはずである。しかし山王神道のことを記した『古語類要集』からは、合気道の植芝盛平の思想に通じ、それを読み解くのにおおいに資するような情報が提示されている。

もちろん『古事記』や『日本書紀』が伝えている神話も、アカシック・レコードを霊視して得られたものである。しかし、伝承されていくうちに誤りが混入したり、失われたりする部分が生じていた。『古事記』の「序」にも、

「誤り忤《たが》へるを惜しみ」

とか、

「謬《あやま》り錯《まじ》れるを正さむとして」

とある。ただ、これはひとつには文献として伝えられる内に誤写などでいろいろな不正確な部分が生じたということでもあろうが、こうした伝承は文字として記録される前には口伝えによっていた。現在、口伝えというと文字に記したのと同様の「テキスト」を暗記して、それをそのまま伝えるように考えるが、実際はある意識状態（霊視のできる意識状態）に入って、そこからアカシック・レコードを読んで出てくる「伝承」を語るのが太古のそれであったようである。そうであるから繰り返して霊視をして「再現」を試みた場合には、表現する段階で人により、時代によって違いが生まれるのは当然といえば当然であるのかもしれない。『古事記』ではそうしたいくつかの伝承の中から好ましいと思われるものを「正しい伝承」と判じて記録をしたということになる。しかし『日本書紀』では

「一書《あるふみ》」としていくつもの異伝が取り上げられている。それら異なる系統の「霊視」の資料をあわせて読むことで深く神話の意味するところが分かってくる。

山王神道の瞑想法である止観には「空、仮、中」を通して「空」を認識しようとする考え方がある。この世は究極的には「空」である。しかし、身の回りを見ると山や風、あるいは書画や茶碗であっても、ある種の実体として存在している。仏教でこうしたものがすべて「空」であるとするのは永遠の時間においてであり、あらゆる存在は崩壊へと向かっていることを考えてすべては「空」であるとする。しかし、実際にはその時その時においては確かに実体として物は存在している。これが「仮」ということである。つまりあらゆる存在は「仮」に実体として存しているように見える。仏教では「空」に偏して虚無主義となることもなく、「仮」に偏して欲望にとらわれることもない生き方である「中」を良しとしている。『摩訶止観』には、

「仮に従いて空に入る（従仮入空）」

が説かれる。これは「仮」を通して「空」の悟りに至ろうとするものである。この「仮」とはいうならば森羅万象であり、それは自然でもある。それをよく観察することで「空」の悟りが得られるとする。そして止観では空観、仮観、中観を一心において同時に観ずることが重要であると教えている。

「三観は実に一心に在り、法は妙にして解し難し、三に寄せてもって一を顕すのみ」（『摩訶止観』）

えてして「法」というものは不可思議で分かりにくいものとされる。そこで「空、仮、中」の三つの方面からアプローチをすることが大切であると教えている。こうした中で天台宗では「記家《きけ》」と称

される人々が出てくることになる。「記家」とは世の中で起こっているあらゆることを記録しようとする僧たちのことで、代表的な著作に『渓嵐拾葉集』がある。これは鎌倉時代に編まれた本で現在は百余巻を伝えるのみであるが、もとは三百巻もあったという。顕部、密部、戒部、記録部、医療部、雑記部からなっていて顕教、密教から戒律のような仏教の情報、それにとどまることなく、今でいうニュースや医療などワイドショーや週刊誌などがあつかうようなうわさの類まで記録している。また「記家」ではこうした「仮」の中にも、それらを通して「空」を悟る材料が含まれていると考え、特に仏教や神道の表の教義には見られないようなことが秘事、口伝として、ひじょうな情熱をもって記録されていくのである。僧たちは自分が霊視をしたり、自分の個人的なルートから得られた霊視による「特別な情報や体験」をプライベートな空間で語っている。つまり、こうした時代を背景として山王神道も生まれたのである。

止観における「一心」とはもちろん「空」への悟りであった。しかし、「仮」を通して「空」という「真実」を悟ろうとする瞑想は、往々にして修行者を別の「真実」へと導いていたようである。これを森羅万象の「奥」にある真実であると考える。そうした見方をする人たちのことをオカルティストと呼ぶ。本来は「空」を悟るための止観が霊的な眼を開き、隠された「真実」を知る方途となっていったのが山王神道であった。ここに見られるのは瞑想をして「空」を悟ろうとは思わない、ただ瞑想を知的遊戯として楽しむ人たちの存在である。こうした知的な楽しみを追求する者の独特な考え方（オカルティックな思考法）を山王神道には見ることができる。興味深いことにこうした瞑想者のいた

ことがひたすら「空」への悟りを説く「宝積経」に出てくる。彼らとは、

「山林へ行って修行し、（禅定の）楽しみを味わう」（世界の名著『大乗仏典』より）

ような者たちであった。そしてその「楽しみ」については、

「沙門やバラモンなど（の修行者）のある者は、山林に隠遁する。そこで同伴者もなく孤独に世をはなれて生きている彼らに対して、そのような状態から起こるさまざまな動きのある誘惑が、色形、音声、かおり、味覚、感触としてあらわれてくる。彼らはそれをながめ、その快楽の思いにふけって生きる」

と記している。ここにある「山林」というのも山王神道の修行の「場」と共通している。人里離れたところ、自然の中で孤独に瞑想を行ずる時、「いろいろなもの」が霊視される。もちろん仏教からすればそれは横道に逸れた、「逸脱」ということになろう。そうであるから止観による霊視の内容は山王神道として仏教とは別のカテゴリーに入れざるを得なかった。「宝積経」で特におもしろいのは、山林へと禅定の楽しみを求めて釈迦のもとを去っていく僧らに次のように言わせているところである。

「世尊は法をお説きになったのですが、われわれふたりには、その説法が理解できず、納得できず、信じる心も起こりませんでした」

ここに見られるのは完全なる「逸脱」である。これを言ったのは僧であるから本来なら釈迦の説法をありがたく聞くべきであろう。しかし、釈迦が何を言っているのか理解も納得もできないというのである。こうした自由な考え方が中世神道には横溢している。こうした知的な楽しみを自由に追求する態度は膨大な『渓嵐拾葉集』を編んだある種の熱意と通じるものなのかもしれない。

二、霊的エネルギーとしての「狭霧」

大元神は大元祖神ともいうと『古語類要集』の注釈にある。これは図1に○で表されている。森羅万象の「根源」を霊視して出現させた神である。そして、この神は「無状の状」であるとする。つまり「無」の状態にある神である、ということになる。さらに大元神を「元は元至なり」とも記している。

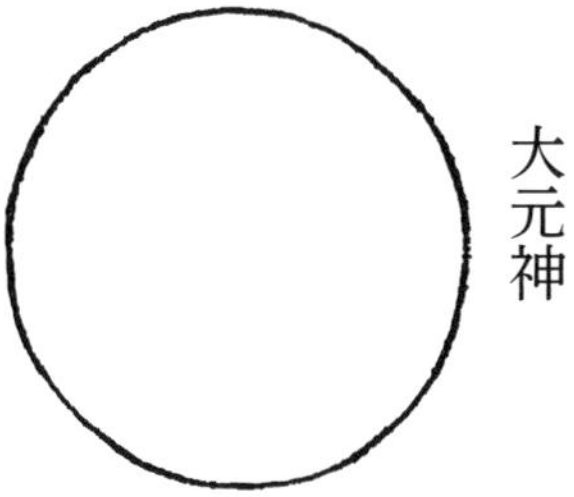

【図1】

ともあれ、こうした根元の神が大元神なのであるが、この神は日本神話には見ることができない。純粋に霊視による神なのであり、

「天壌日天狭霧国禅月国狭霧尊」

という神名でも示されている。これはアカシック・レコードをただ大元神として言語化するか、より細かな情報をそこに示すかの違いである。この神名は、

あめつちひ（天壌日）

あまのさぎり（天狭霧）

くにのぜんげつ（国禅月）
くにのさぎり（国狭霧）
のみこと（尊）

と読むことができる。つまり大元神には、こうした四つの側面があるということになる。そうであるから天壌日天狭霧国禅月国狭霧尊の神名に込められた意味を解くことで「大元神」がどのような存在として霊視されていたのかが分かるわけである。

「天壌日」は「天」と「地」と「日」を表している。

「天狭霧」「国狭霧」の「狭霧」は微細な霊的なエネルギーを表している。つまりこれは「麗気」でもある。そして、これを「天」と「国」に分けている。

「国禅月」は分かりにくいかもしれないが、これは「天壌日」と対になっており、「天」と「国」、そして「日」と「月」が対応している。そうであるから「壌（地）」は「禅」と対応している。つまりこれは「地」の神を祭ったという意味の「封禅《ほうぜん》」をいっているのである。あえて「天地」としないで「天壌」としたのも「壌」は「穣」と同じく豊かな実りを祈るという意味があるからとみられる。つまり天壌日天狭霧国禅月国狭霧尊として霊視された大元神とは、天地が安らかであり豊穣のエネルギーに満ちた世界を見たものであった。

また大元神については、「高天原に化生せる一神」とする注を『古語類要集』に見ることができる。「高天原」に生じた神について『古事記』には、

「天地《あめつち》初めて発《ひら》けし時、高天《たかま》の原に成れる神の名は、天之御中主の神」とある。このことからすれば、大元神は天之御中主の神ということになるが、実際に後に見るように大元神と天之御中主の神は同一とされている。これは大元神が天の御中主の神として霊視したものと同じアカシック・レコードの「情報」を『古事記』でも霊視していたことを示している。また植芝盛平は天地の始まりについて次のように霊視したと述べている。

「大神は一つであり、宇宙に満ちみちて生ける無限大の弥栄《いやさか》の姿である。すなわち天なく地なく宇宙もなく、大虚空宇宙である。その大虚空にある時、ポチ（丶）一つ忽然として現わる。このポチこそ宇宙万有の根元なのである。そこで、はじめて『ス』の言霊が生まれた。これが宇宙の最初、霊界の初めであります。そこで宇内は、自然と呼吸を始めた」

ここにある「弥栄」は豊穣のエネルギーと考えられる。つまり「狭霧」である。こうしたエネルギーが大虚空、宇宙に満ち満ちていたと盛平は霊視をしていたわけである。「天狭霧」「国狭霧」については伊邪那岐の神、伊邪那美の神の生んだ神に天之狭霧《あめのさぎり》の神、国之狭霧の神を見ることができるが、古代では霊的なエネルギーを「狭霧」として認識していた。そうであるから、天狭霧（日天の狭霧）とは「天に遍満している霊的なエネルギー」の意であり、国狭霧（月国の狭霧）は「国に遍満している霊的なエネルギー」ということになる。このように「狭霧」が天、国と二度にわたって出てくるのは、それがきわめて重要なものとして霊視されていたからにほかならない。こうした霊的なエネルギーを細かな霧（狭霧）として認識する感覚は、それが実際の霧の発生した時の神秘的な感じと近いものがあるためでもある。

それは空気よりも密度の濃いものとして感じられる。ちなみに太極拳でゆっくり動くのは、わざわざそうしているのではなく、体の周りにエネルギーの密度のようなものを感じるからである。その感覚は修練を重ねていくうちに次第に濃くなってくる。そのため速く動こうとしても動けなくなる。これを無理にゆっくり動いてしまうと永遠にそうした感覚を摑むことはできないし、アストラル体やエーテル体を感じながら心身を統一することもできなくなる。このような周りの「空気」が次第に濃くなる感じは、まさに「霧」が細かに濃くなる感じということができる。

神話では高天原で天照大神と須佐之男の命が神々を生むところに「霧」が出てくる。天照大神は須佐之男の命の持っていた十握剣《とつかのつるぎ》を三つに折ったうえで天の真名井《まなゐ》ですすいで噛み砕き、それを吹き出して神を生むことになっている。

「吹き棄《う》つる気吹《いぶき》の狭霧に成れる神の御名は」

と『古事記』にあるように、「気吹の狭霧」とは十握剣の断片に、ある種の霊的エネルギーを依り憑かせたものであった。またこの神話からは「狭霧」のイメージが寒い時に息が白く霧のように見えることから生まれたものであることも分かる。息に含まれている生命力を霊視したところ、寒い時に白く見える「息（気吹）」のように感じられることが分かり、それはまた自然界では「霧」と同じと認められたのであろう。そうなれば「霧」は宇宙の「息」ということにもなる。これは山王神道や両部神道で「麗気」とされるものと同じである。

盛平は宇宙万有の根源として「ポチ」が生まれたとする。これは「、」と記されることもあるし「•」で示されることもある。要するに混沌としたエネルギーの中にひとつの働きが生まれたということである。これにより「自然と呼吸を始めた」とする。この盛平が霊視した大虚空宇宙の世界はまさに図1の世界に近いといえよう。「弥栄」のエネルギーとは「呼吸」と深く関係しているのであり、それは「狭霧」として霊視されたものから発せられると考えられるのである。

三、神々と先天の世界

次に『古語類要集』では、

「天、先に成りて後、地定まる」

とある。これが図2である。そして、

「しかして後、神聖その中に生ず。国常立尊と号《よ》ぶ」

とあるのが、図3になる。図2には「天地、霊を含む（天地含霊）」と記されている。これは天であるエーテル体と地である肉体のともに「霊」が含まれているということで、ここでの「霊」はアストラル体になる。つまり、アストラル体、エーテル体、肉体がともに関係を持っていることが示されているわけである。アストラル体は微細な体であり、肉体は粗大な体であるので微細なものは粗大なものの中に入り込んでいる。ただ、この段階ではまだそれぞれの体が安定を得ていない。図2で黒い部分が左にあるのは、天地が安定してところを得ていないことを示している。これは霊眼が開けた当初のある種の不安定な状態とすることができよう。霊眼が開けるといろいろなものを見たり、感じたりするようになるが、それらをどのように認識するのかについてはある程度の知識や訓練を要する。たとえ正しい霊的な情報であっても、それをそのまま物的世界（肉体レベル）の情報と同じように扱うのは適切ではない。こうしたことの使い分けがなかなか難しいのであり、この段階では師の導きや戒律のようなものも有効となる。『古事記』で、

「浮きし脂《あぶら》の如く」

であるとか、

「くらげなすただよへる」

と形容しているのはこうした不安定な状態である。ただ、この段階はあまりとらわれることがなければ、自然に安定へと向かう。それが図3である。ここでは陰陽にイメージされる黒い部分と白いところが天地・上下に分かれて安定している様子が示される。そして、

「天地、倶《とも》に神を生ず（天地倶生神）」

とある。つまり「天」からは国常立《くにのとこたち》の尊、「地」からは天御中主《あめのみなかぬし》の神が生じたとするのである。そして「天地、倶《とも》に神を生ず」に関連する形で天狭霧、国狭霧が記されている。これも先に見たように「天狭霧」はアストラル界（アストラル体）のことであり、「国狭霧」はエーテル界（エーテル体）のことであって、

これらは麗気という自然界のエネルギーを象徴している。つまり、「国常立尊」も「天御中主」もともに麗気から生まれたことが示されているわけである。

これらの図でひじょうに興味深いのは、この行法の進展がまさに神仙道の小周天と一致している点である。心理学者のユングは、世界のいろいろな宗教や錬金術、ヨーガ、易などに共通するモチーフのあることを指摘している。こうした心身の変容の過程はどの地域、民族であっても共通する部分が

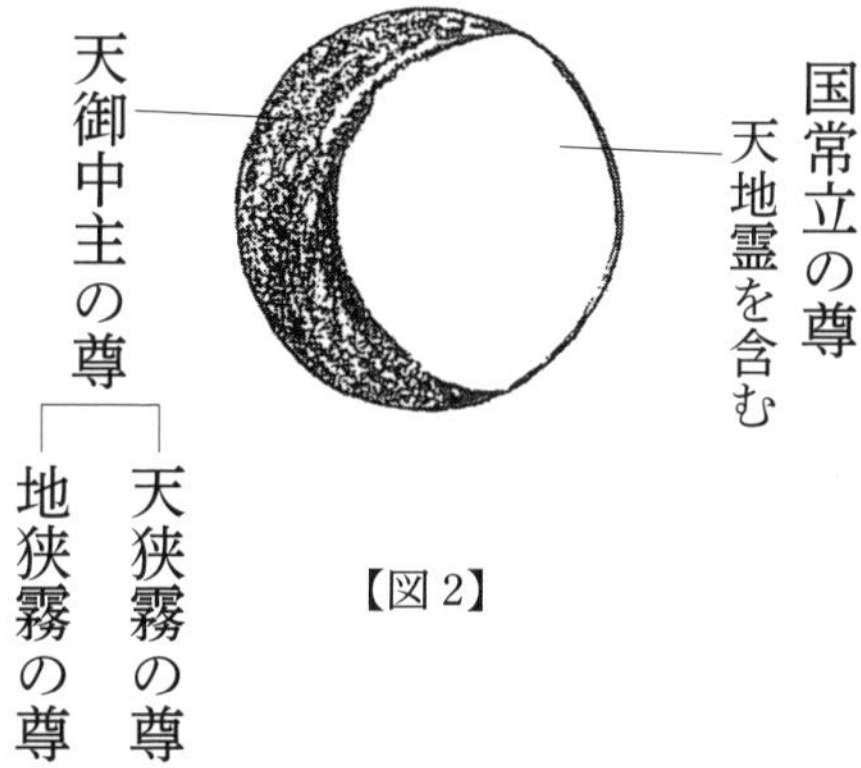

【図2】

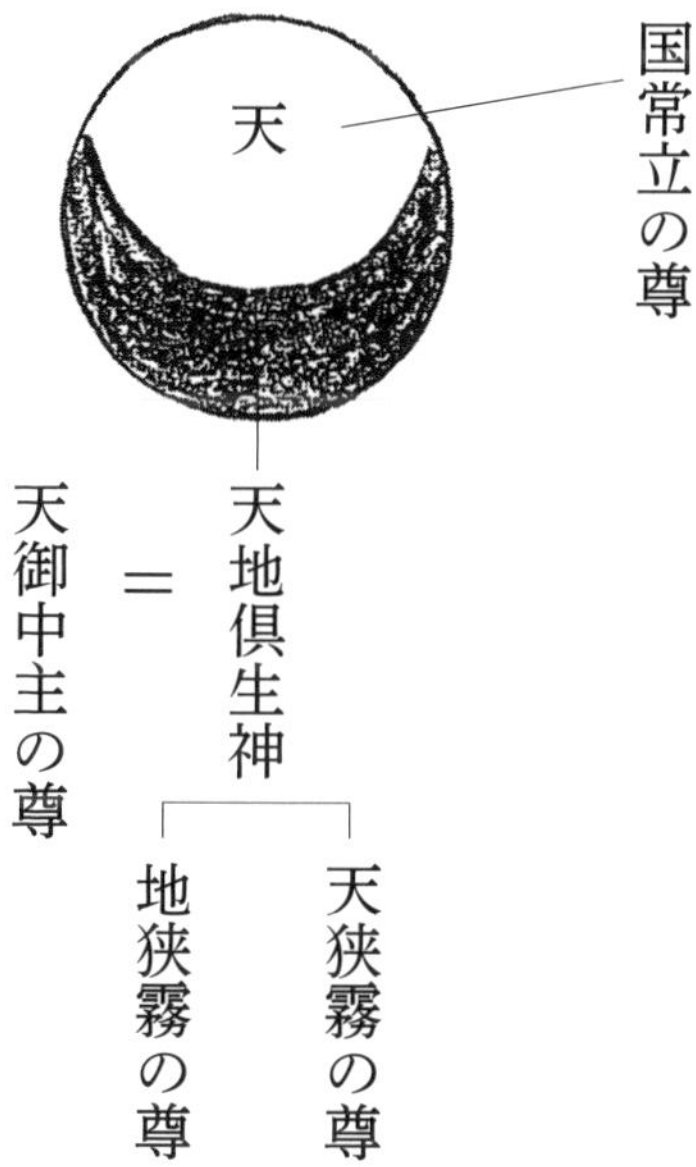

【図3】

多いようなのである。そうであるから山王神道と神仙道が重なるのも、ある意味では当然といえようが、とりわけ見るべきは図2で黒い部分と白い部分が左右になっているところであろう。これは神仙道の進陽火と退陰符と同じで、神仙道では背中から陽気が昇るのを進陽火、体の前を下るのを退陰符とする。つまり図2は人体を示しており右側が進陽火、左側が退陰符にあたる。そして進陽火で陽気とされるのは、腎にある一陽である。腎は坎卦《かんか》（陰陽陰）で象徴され、心身に「静」が得られればその中の一陽が動き始めるという。そうなると心の一陰も移動を始める。心の一陰とは心を象徴する離卦（陽陰陽）の一陰である。退陰符を下るのは心の一陰となる。

一般的に小周天といえば、体の前後にある督脈と任脈に陽気を通すものとされている。それは下丹田に陽気の発生を「熱」として感じて、それを背中から頭頂を通して体の前から再び下丹田に戻るまでをイメージする。しかし、厳密にいうならこれだけが小周天ではない。確かに、こうしてイメージのトレーニングを積んでいくうちに「静」が得られると、自ずから坎と離の合一は生ずる。あるいは坎離の合一の前段としてイメージ法の小周天があるということもできるかもしれない。しかし、周天とは天の星々の運行のことであり、大宇宙のことなのである。これに対して人体を小宇宙とみるのが小周天であることからすれば、ただイメージで体の中に陽気を巡らせるだけの行法が小周天とするのでは不十分であるといわねばならない。周天の根本は天地の合一にある。天と地が融合し合うことで天の日や月、星は適切に運動し昼夜を地にもたらし、雨や風あるいは戦争、天変地異を招来すると考えられていた。周天とはつまり天地・乾坤の合一であり、人体においては坎離の合一であらねばならない（坎離の合一が進んで乾坤の合一になるのが小周天）。

それはともかく小周天でも、これを続けていると、体全体また体の周りにも気の流れ（麗気）を感じられるようになる。これは心が無になった時である。心が無になった時に坎離の合一も生ずる。それは図1の○となった時に、周天が始まることが図2で示されている。

ここで山王神道に見られることと、坎離の合一とが同じ教えであることを述べているのは、神仙道との共通点がこれだけに止まらないからである。それは図3にも見ることができる。図3では「天御中主」が「地」にあり、「国常立尊」が「天」に配されている。「天御中主」は高天原に生じた神であるから、本当であるならこれは「天」のところに記されていなければならない。それが「地」とされているのは黒い部分が退陰符を表しているからにほかならない。つまり、退陰符とは天から地へのむすびであり、これは心の一陰が腎の一陽と交代すること、「天御中主」が天から地へと降ることを示している。一方、「国常立尊」では「地」から「天」への進陽火が示されている。それによって腎の一陽が心の一陰と交代をする。

最終的には心（離卦・陽陰陽）は一陽を受けて、天を象徴する乾卦《けんか》・陽陽陽となり、腎（坎卦・陰陽陰）は一陰を受けて坤卦《こんか》・陰陰陰の地となる。ここに天地が完成するわけである。また冒頭に引用した「天、先に成りて後、地定まる」は、坎離の合一を行う時の大秘訣である。一陽一陰の交代において、陰は自らが動くことがないので、一陽をもって一陰を動かさなければならない。この一陽を動かすには心が静を得なければならないとされている。つまり「天」である心が鎮まることで、最終的な坎離の合一である天地が完成することになるのである。

『古事記』では国常立の尊について次のように記している。

「次に成れる神の名は、国之常立の神、次に豊雲野の神、この二柱の神もまた、独神《ひとりがみ》と成りまして」

ここでは国常立の尊（『古事記』では国之常立の神）と豊雲野の神がひとまとまりとして出ている。この豊雲野の神は、山王神道では天狭霧、国狭霧として霊視されている（雲と霧は同じく麗気のこと）。このように神話と必ずしも同じでないところが山王神道の興味深いところであり、これは霊視による「逸脱」であると考えらえる。瞑想をして得られる感覚において、麗気の感得である「狭霧」が国常立の尊よりも後とされたのでは適切ではない。また「しかして後、神聖その中に生ず。国常立尊と号ぶ」とあるように、国常立の尊を挙げて天御中主に触れていないのも、坎離の合一が心つまり「国常立尊」の働きである「天」へのアプローチから始められなければならないからである。

もうひとつ重要なことは、退陰符に「天御中主」が記され、進陽火に「国常立尊」が記されていることで見ることのできる、既に触れたような天地の交流である。これは人体においては「中脈」の存在を示していると考えらえる。中脈は中国医学でいわれることのない神仙道独特の「脈」であり、これは神（アストラル体）、気（エーテル体）、精（肉体）をむすぶルートとされている。「天御中主」のあることは、これが体の中心にあることを示しており、「国常立尊」は中脈が「常に立っている」というルート（脈）であることを教えている。この中脈こそが坎と離の合一がなされるルートとされているわけである。

坎離の合一がなされると心は純陽の「天」に、腎は純陰の「地」となるのであり、ここに人体の中に小宇宙としての天地が完成することになる。それはまた大宇宙としての天地との合一をはたすということでもある。これはどういうことを意味しているかといえば、坎と離の関係は腎と心でこれは人体に実際に存する機能の調和をいう。一方、天と地は本当に人体の中に天地があるわけではなく、これは先天の世界のこと、つまり「虚」の世界の開けることを意味している。神仙道ではこの世は実と虚によって成り立っているとする。しかし、多くの人は実の世界のみにとらわれて苦しんでいる。そこで「虚」の世界を知ることが大切と考えるわけであり、これは霊的な世界といってもよかろう。

神々はこの世、つまり後天の世界にいるわけではない。そうであるから通常は見ることができない。しかし、霊的な世界（虚の世界、先天の世界）にアプローチできたならば、そうした存在を知ることができるようになる。冒頭で引用した「天、先に成りて後、地定まる。しかして後、神聖その中に生ず」はまさに坎離の合一の最奥儀を述べている。天地が成ってとは、坎離の合一により先天の世界が開かれてということで、その後に「神聖」なる存在へのアプローチが可能となることを教えているわけである。

四、天地の開闢と合気道

これまで○として示されていたエネルギーの形は、珠として幻視されることもあるし、ただそのように感じられるだけのこともある。そうした感覚が生まれるのは、「魂《たま》」が本来的に珠のような丸いものとして霊視されてきたこととも関係していよう。ここに山王神道が求めているのは「魂」の円満なる完成であった。また、そうして「魂」が整うことでアカシック・レコードを霊視することも可能となる。図4で示されているのは、一応の完成した「たま（魂＝珠）」である。ここでは天地は変わらないが、「たま」には矛が突き刺さっている形が示されている。これについて『古語類要集』には、

「それ天瓊玉矛《あめのぬぼこ》、天逆矛《あめのさかほこ》と名づく。また金剛宝剣と名づく。天御量柱《あめのみはかりのはしら》と名づく。また心御柱と名づくなり」

とある。ここで「柱」のイメージが出ているのは、先に述べた中脈を霊視しているためである。また、これは「葦芽《あしかび》」でもあるとする。これは『古事記』などでは「葦牙」と書く。意味は同じで、新芽が出た様子が「牙《きば》」が出ているように見えることによるとされる。また『古事記』には「葦牙」を、

「葦牙の如く萌え騰《あが》る」

とする。つまり図4の「葦芽」とは上昇する勢いを示しているのであり、それが天逆矛であるとす

る説明は、これに下降する流れのあることを言っている。図3で国常立尊と天御中主で示されたのと同じ上昇、下降する中脈がここでは「葦芽」「天逆矛」で表されている。そして、これには伊勢神宮の心御柱と同じであるとの霊視が加えられている。つまり心御柱とはアストラル界、エーテル界、物質界をむすぶ働きを持つものであるということである。同じことは『古語類要集』にも記されている。

「天地開闢の国形、天御中主神、宝独鈷の変形にましますなり。諸仏菩薩一切群霊、心誠の根本、一切国王の父母なり」

天御中主神は、宝独鈷（独鈷杵）の変形であるとしている。そしてそれは金剛宝剣であり、天瓊玉矛、

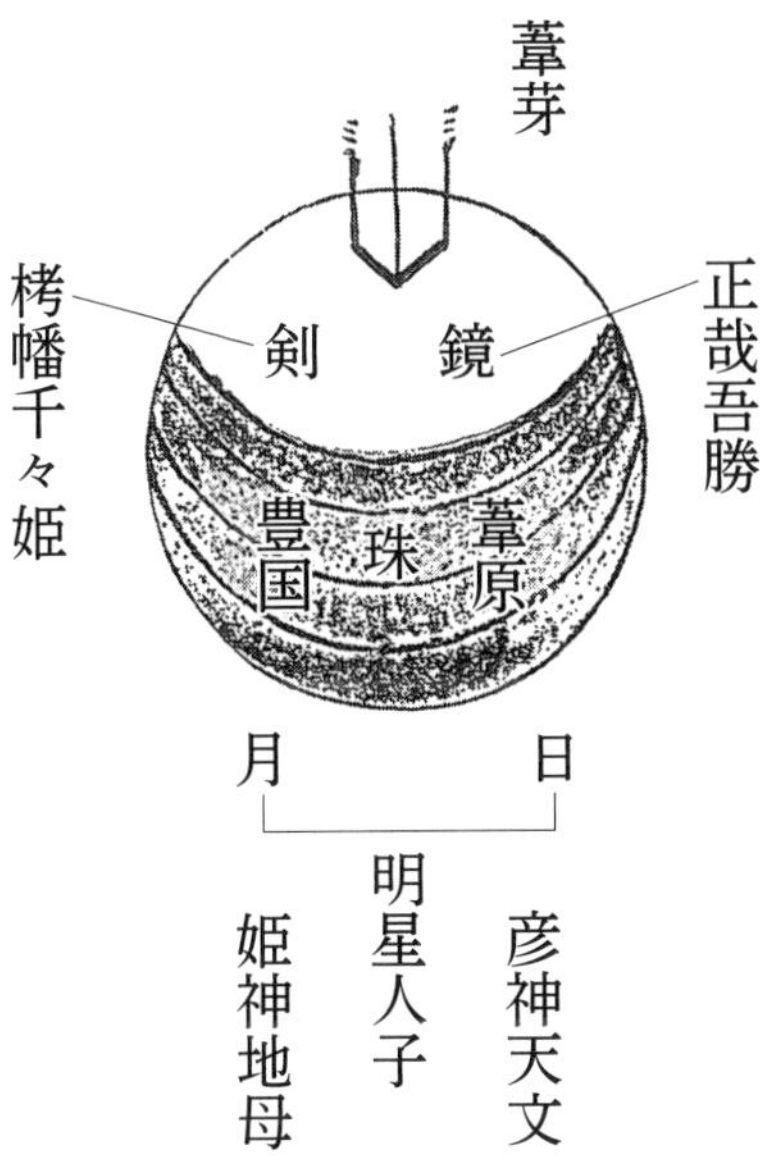

【図4】

天逆矛、天御量柱であって、また心御柱でもあるとする。こうした同じ事象を違った表現でいうのはここに複数回にわたる霊視が行われたことを示していよう。

また図4では天に鏡と剣が霊視されている。鏡は「日」であり、剣は「月」とされる。これに地の珠が加わると三種の神器が整うことになる。「珠」とされる「地」が四つに分かれているのは、

「瓊玉、また辟鬼珠と名づけ、また如意珠と名づけ、また護国珠と名づく」

とあるように、「珠」は瓊玉《けいぎょく》、辟鬼珠、如意珠、護国珠に分けられるからである。「瓊玉」は「瓊」も「玉」も同じ「たま」の意であるが、これは「瓊矛」と同様に「霊的な」という意味がある。「瓊玉」とは霊的な玉であり、あえてこうした言い方をするのは「瓊矛」との関連を示唆するためである。つまり「瓊玉」とは「瓊矛」と同じであり、それが「玉」として表れて、地である「珠」に含まれることを示しているわけである。「辟鬼珠」は鬼を避けることのできる働き、「如意珠」は思いのままになる働き、「護国珠」は国を守る働きを示している。これは「地」である「肉体」の持つ働きが示されていることになる。ちなみに「護国」の「国」とは豊葦原中国《とよあしはらのなかつくに》のことで、図4では「地（肉体、物質界）」のところに「葦原」「豊国」と記されている。これは「豊葦原国」のことであるから「護国」とは物質界または自分の肉体を護る意となる。「地」が既に触れたような四つの層に分かれているのは肉体からエーテル界、そしてアストラル界へと粗大なものから微細なものへと変化をしていることを教えるためにほかならない。

地の四層	
珠瓊玉	勝速日（中脈）
辟鬼珠	霊的 護身（比礼振り）
如意珠	霊体のむすび（合気）
護国珠	体的 護身（呼吸力）

『古語類要集』には、

「私に云う。天地開闢の図様、かくの如し」

とする。「私に云う」とは、ある人物が個人的に霊視をしたことによるということであるが、ここに天地は一応の完成を見たとする見解が示されている。確かに図4では、「独鈷杵」によりアストラル界、エーテル界、物質界が開かれてひとつにむすばれている様子を見ることができる。また、それは人体においてはアストラル体、エーテル体、肉体が中脈を介してひとつになることでもある。そうした状態で「珠」には天逆矛・独鈷杵・心御柱の働きが生じる。これを具体的に述べているのが「辟鬼」「如意」「護国」である。

「鬼」とは霊的な存在であり、鬼を避けるとは霊的なレベルでの穢れ（鬼）を払うことといえる。「如意」は自在に動くことで、これは肉体の穢れが払われることで果たされる。「護国」は「珠」を護ること、つまり自身のアストラル体、エーテル体、肉体の統一を保持することにほかならない。これにより大宇宙におけるアストラル界、エーテル界、物質界も安定をすることになる。

こうした大きくいえば浄化の働きは、植芝盛平のいう「禊」と同じである。盛平は森羅万象はすべからく穢《けがれ》の無い状態であるが、人間だけがいまだ十分にそれを果たしていない。そうであるから合気道を実践して「禊」の働きにより心身を浄化することで、大宇宙のすべての秩序が円滑に運営されるようになると教えていた。こうしたことからも盛平の霊視していた世界と、こうした山王神道で霊視されていた世界が同じものであったことが分かる。

また「如意」という表現も実に味わいの深いもので、盛平は技を覚えようとする弟子を厳しく制しており、「自然と一体となって動くのである」と教えていた。つまり自在に、如意に動くということを教えていたのである。つまり「如意」である状態を得るには、ここで見てきたようにアストラル体、エーテル体、肉体がひとつに統一された状態でなければならない。晩年、盛平は心身の統一をよく唱えているが、それも同じである。

盛平がこうした世界を霊視していたと思われるのはこれだけではない。図4に「正哉吾勝《まさかつあかつ》」が記されていることに留意しなければなるまい。これは正哉吾勝勝速日天《まさかつあかつかちはやひあま》の忍穂耳《おしほみみ》の命という神名の一部である。図4にある「正哉吾勝」は「正しいところにあって自分は勝つ」という意味と解される。盛平は合気道は「勝速日」を得ることとしていた。「勝速日」とは速く動いて勝ちに導く霊《ひ》のことである。図4で特に「正哉吾勝」が「鏡」に配されている点は興味深い。合気道は「山彦の道」とされるように相手の動きに応じて動くからである。つまり、それは鏡のように相手の動きを「同時」に写して動くのであり、相手の動きを見て、それを認識して反応するより速く動くことができる。これが「勝速日」であり「合気」とされる動きの根本はここにある。また、図4で「正哉吾勝」のみあって「勝速日」がないのは、勝速日は「珠」そのものであるからにほかならない。このように細かな部分まで合気道の奥義に関することを図4はそのままに示しているのである。

もうひとついうなら、盛平は修行者自身が「天の御中主の神」となることを重視していた。これは合気道でいう「引力」の鍛錬と関連している。一般に「天の御中主の神」となるとは、体の中心軸がぶれないようにして入身、転身を円滑に行うことと解されるが、これでは相手を振り回す勢いを安定して得ることはできるものの、相手を引き付ける「引力」は生じない。合気道における「引力」は、相手が崩されている状態を自分で完全に把握するより少し前にさらに崩しを行うことによって発生する。つまり体勢を立て直す前に、さらに連続して崩しをかけていくのである。こうした細かな崩しはとらえることが難しいので、相手は返し技をする機会もないし、また体勢を立て直すことも困難となる。これが「引力」である。

それには相手の「意」を先に感得しなければならない。そのためにはアストラル体が開いていなければならない。そうすることで当然のことながら相手の体の反応もコントロールできるようになる。こうした相手の動きの勢いは触れている部分を通して知ることができる。それにはエーテル体が開いていなければならない。そして相手を導く安定した動きができなければならない。これには肉体が開いていていなければならない。こうしたアストラル体、エーテル体、肉体のすべてが開いてむすびあっていることの象徴として中脈が開くということがあるのであるが、それは天の御中主の神とひとつになるということでもある。

さらに図4で興味深いのは「彦神天文」「明星人子」「姫神地母」とあるところである。『古語類要集』には、

「万物の霊台（略）天大、地大、人もまた大にして、人形に象《かたど》りますなり」

とある。つまり人の形というのは万物の霊台であって、天や地も人の中に含まれていると考えるわけである。これは人を小宇宙とみる考え方ということができよう。それはともかく、ここでは「明星」が「人子」であるとしていることに注意しなければなるまい。明星はすでに見てきたように求聞持法の中核をなすものであり、アジナー・チャクラの開かれることをいうものである。こうして霊眼が開くことでアカシック・レコードを霊視することができるようになることについては両部神道のところで述べた。つまりアカシック・レコードを読むための霊眼（明星）を開くには小宇宙としての心身（人子）を完成させる必要があるということになるのである。またこれにより勝速日も開けることになる。

五、周天と「三角体」

次の図5で示されているのは小周天（坎離の合一）と同じ状態であり、図1から図4にあることと瞑想の境地としては変わりがない。これらは独鈷杵・心御柱の秘儀を五行をもって霊視したものといえよう。『古語類要集』には、

「動すなわち陽たりて、動極まればすなわち陰を生ず。（略）一動一静、牙はその根をなす」

とあり、陰陽の根本に「葦牙」のあることを霊視している。また、

「陽たれば変じ陰たれば合う。しかして水火木金土の五気を生ず」

ともある。陰陽から五行の気が生まれるというのである。つまり「（葦）牙」から五行の気が生じたということになる。図5に示されているのは「中脈」の霊視である。これはひじょうに重要な奥儀であり、また、この秘図で示されている形をイメージすることで「中脈」を開くことも可能となる。


初めにあるのは「本」である。五行であれば「土」とされるが、ここでは「本」としている。また「本」には「陰性」「顕形」とも記される。陰であり、形を顕すということである。この○は先天と後天の間にあるもので神仙道ではこれを「玄関」という。「玄関」は日本での意味とは異なり玄（先天の世界）への入り口という意味となる。この「本」も「水気」も共に○となっているが、これは「本」が先天、「水気」が後天を示しているためであり、真に中脈を開くには先天後天の合一がなされていなければならないことをここでは示している。また実際に瞑想をしていると、自然に周囲のエネルギー（麗気）が丸くまとまってくる。これが○として示されている。殊に図5が貴重なのは「中脈」が開く時の奥儀がじつに的確に述べられている点にある。○もそうで、これは日本神道の霊魂観、つまり「たま（魂＝珠）」として伝えられる奥秘の感覚そのものなのである。『古語類要集』では「神皇系図に曰く」として、

「天先に成りて、地後に定まる。しかる後、神聖その中に生ず。国常立尊と号《よ》ぶ。形するところの名は天の御中主の神と曰《い》う」

と引用する。こうしたことから「本」のところの「形を顕す」とは、国常立の尊が天の御中主の神となって顕現することが霊視されたものであると分かる。これはまさに「中脈」が開く時の感覚そのもので、「中脈」が開く時には麗気が感得され、それがある種のまとまりを持つことが実感される。それが○である。この時に麗気はゆっくりと渦を巻くように動き出している。そしてその中心が次第に小さくまとまり、一点となる。これが天の御中主の神として霊視される。「天《あめ》」とは「海」でもあることからすれば、天の御中主の神は、麗気という「海」の中心にある存在ということになる。

ここでもひじょうに深い霊視が行われているといえるのは、国常立の神が「形」を持っていないと明記してある点である。「中脈」は虚の脈であるから、それを物質的な感覚として捉えることはできないのであり、一定の「形」を持たないのである。しかし、深い瞑想に入れば、その存在を確実に知ることができる。まさにそこに生じるのは渦の中心のような感覚で、周りの空気が動くことで自ずからそこにできてしまう力のラインのような存在といえようか。こうしたことが確かな実感として心に浮かぶことになる。

次は「水気」である。これは腎の働きを示している。ここでは「天の御中主水雲の神」が現れるとする。「天の御中主の神」とはこれが「中脈」であること、また「水雲」とはこれが微細な腎気（水気）であることを教えている。天の御中主水雲の神は古典に見ることのできない神である。また水徳を象徴する神として御気都神《みけつ》とも称するとある。御気都神は一般的には食物の神とされる。「御」は尊称で、「気」は食物のエネルギーのこととされ、「都」は「の」という意味であるから御気都神は、食べ物（の

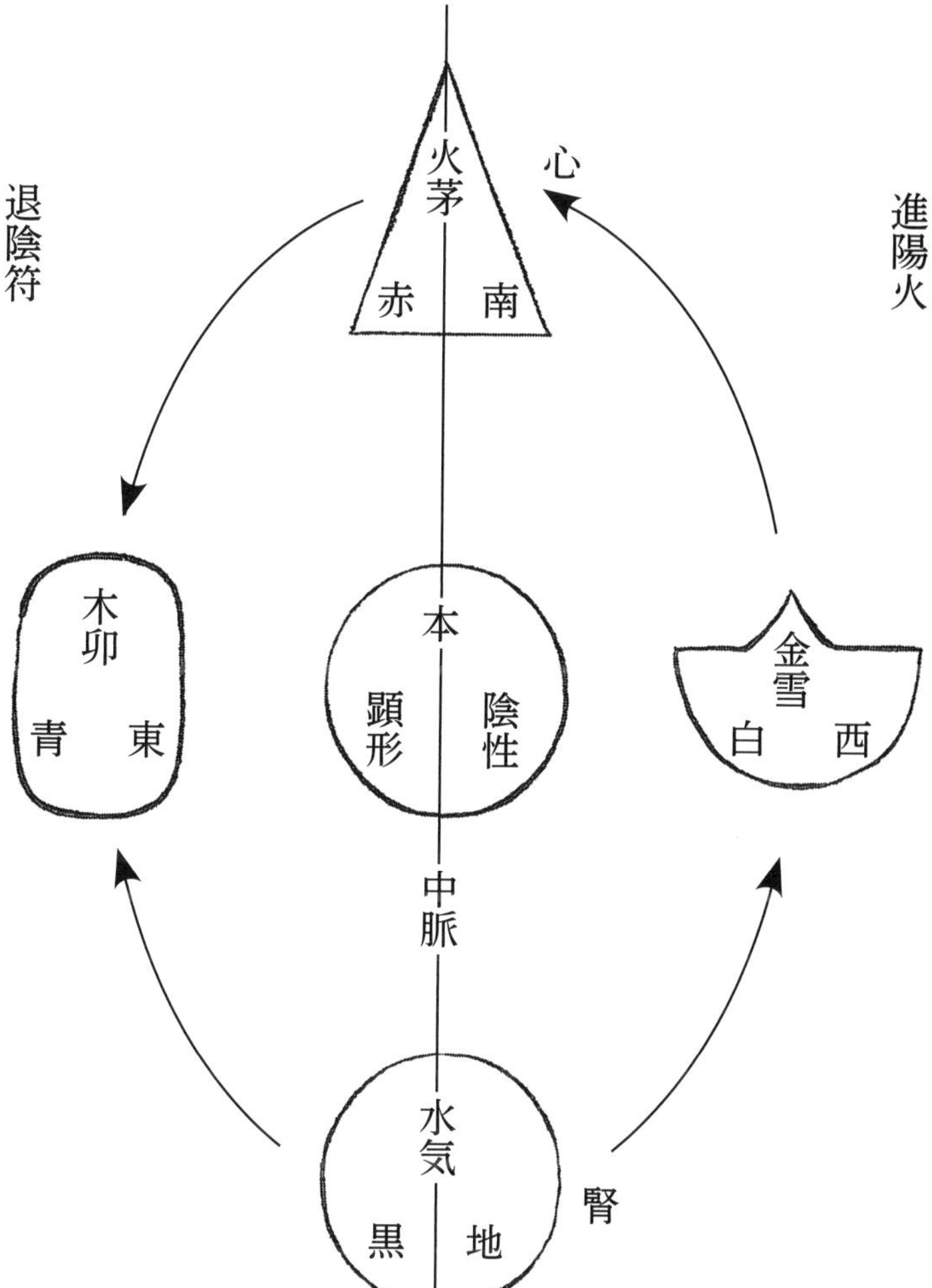

【図5】

エネルギー）の神の意となる。ここで重要なことは食物を「気」としている点であろう。古代日本では生命力である「気（エネルギー）」は食物を通して得ていると考えていた。

腎は肉体のエネルギーの中心であり、腎は神仙道でいう「神、気、精」の「精（肉体のエネルギー）」をつかさどるとされる。まさに生命力の根源なのである。ちにみに五行説であれば「本＝土」は「土は金を生む」とされるので「本」の後には「金」がこなければならない。これは土の中に鉱物が生じることからきている。しかし、山王神道では「本」の次は「水」が生まれると霊視された。これはまさに天の瓊矛（天の逆矛）と同じである。伊邪那岐の神と伊邪那美の神は天の浮橋に立って天の瓊矛を海中に差し入れる。天の瓊矛として感得された「中脈」は海中（腎）に降ろされなければならない。そうしたこともあってあえて五行説にはない説明をここでは披瀝している。それはまた既に触れたように始まりを「土」ではなく「本」としているようなところにもうかがえる。このように山王神道で説かれていることはすべて霊視によるものであって、単に中国の思想や日本の神話を付会しているに過ぎないような浅薄なものではないのである。

麗気が集まり「たま」となる感覚は初めは中丹田あたりに感じられる。それが次第に下丹田に降りてくる。この時には「一動一静」の極秘伝がある。それは「一静であれば一動となる」というものである。中丹田の「たま」はそれを動かそうと意図しても動くことはない。天の御中主「水雲」の神とあったように水や雲のように捉えどころがない。しかし、ひたすら「静」を守っていると自ずから下丹田の方へと移動する。これは「静」と「動」が融合した状態となるためである。「一静」とはそこに「動」を含む「静」なのであり、これは「動」を「陽」とすれば、「静」は「陰」となる。そのため「本」のところにわざわざ「陰性」とあるのは、「動」であるが、そのベースが「陰＝静」であることを教えるためなのである。

麗気が下丹田に収まると、「金雪」のような形に変化する。これは△で示されるような、ある種のエネルギーの集中が生じたことを示している。『古語類要集』には、

「一書《あるふみ》に曰く。天地いまだ生《な》らざる時に、譬へば海の上に浮かべる雪の根かかるとことのなきがごとし。その中に一物生れり。葦牙の初めて泥の中に生れるなり。すなわち化して人となる。国常立の尊と号う」

と『日本書紀』の一節を引いている。しかし、一般的に『日本書紀』では「雪」ではなく「雲」とする。山王神道での「雪」は誤りではない。それは図5でも「雪」とあるので意図的に「雪」の字が選ばれたことが分かる。この「雪」とは天の瓊矛から滴り落ちた「塩水」と同じシンボルとされる。上から落ちるというニュアンスは「雲」にはない。中丹田あたりに集まった「たま」は続いて下丹田へと降りてくる。こうした動きは▽で示されておりこれを「雪」としている。また「金雪」には豊斟淳《とよくむぬ》の神が配されている。日本古典文学大系によれば「斟」は「酒などをつぐ意」とあり、「淳」は「沼の意」とある。また「豊」は擬音とあるので、酒を注ぐ音であるトヨトヨ（現代ではトクトク）ということになろう。ここにも「金雪」に滴る動きのあることを見ることができる。麗気が腎に集まって、ひとつの「力」となるのである。そしてその「力」を表す△はまさに腎▽の中にきざした「葦牙」そのも

のとすることができよう。

次は「火茅《かかや》」である。これは「葦牙」が育って腎より上丹田へと上昇することが示されている、ここであえて「茅」を用いているのは「矛」という字を出すためにほかならない。この「矛」については口伝があり、これを天の逆矛とする。通常は天の瓊矛と天の逆矛とは同じとされるが、口伝によればここでの天の瓊矛は上から下への動きを示しているのであり、天の逆矛は下から上への流れとされている。これらは共に「中脈」を示しているので、本質的には上昇で表しても下降としても同じものということにはなる。天の瓊矛（下降する動き・退陰符）と天の逆矛（上昇する動き・進陽火）の動きが整って「周天」となる。

そして「木卯《もくう》」である。「卯」は五行説では「木」に属するので、ここに「卯」が配されているのは適当であるが、ほかの「金雪」「火茅」では、五行説で「金」や「火」に属するものが配されているわけではない。それぞれ山王神道を修する上で意味のある語が配されている。この「卯」もそうで、「卯」には「しげる」という意味がある。つまり○と△そして▽とがひとつになってこのような形になっているのである（○と△▽が一つになって□となる）。よくこれは□で示されることもあるが、□では上下する△▽は示すことができる（二つ三角は四角の中に含ませることができる◇または◸など）が、○のニュアンスが十分に表現できない。そうであるからここでは角の取れた四角でシンボライズされている。「卯」の「しげる」とは坎離の合一により、心身が好ましい状態になって、生成の働きが活性化されていることを示している。

この○、△、□は植芝盛平もよく合気道の理念を示す図として用いていた。簡単にいうなら○はアストラル体であり、△はエーテル体、□は肉体ということになる。また○は天の御中主の神、□は国常立の神であって、天の御中主の神は下降する「むすび」でアストラル体からエーテル体、肉体を統合する。また国常立の神は上昇する「むすび」で肉体からエーテル体、アストラル体とを統合する。盛平はアカシック・レコードを霊視することができた。そしてそれを大本で学んだことや交流のあった神道家から教えられた言葉や概念を使って表現しようとしていた。

こうした盛平の説いた○、△、□の原点となっているのは「三角体」であろうと思われる。「三角体」とは合気道の基本的な構えである「半身の構え」を基本的にはいう。これは横から見ると、頭を頂点として開いた前後の足が地面の三角の頂点と底辺の一点となる。こうしてできる三角錐を三角体という。また地面の三角の底辺のもう一方は空いていることになるが、これは足が移動する可能性を示している。このように足が移動することで転身が可能となるわけで、「三角体」とはこうした動きを含んだ構えのことなのである。この転身の動きを導くのは「中脈」の働きでなければならない。アストラル体、エーテル体、肉体を貫く「中脈」の働きがあってこそ適切な転身、合気道でいうなら転換が可能となる。合気道で転身をあえて転換というのは、単に相手との位置関係が変わるだけではなく、攻防の主体が変わってしまうからである。こうしたことは肉体のレベルだけで行うことはできない。

よく「合気道は剣の動きをもとにしている」とされる。それは「三角体」をベースにしているところから出ている。日本刀を使うのも半身の構えが基本となる。刀を上下に振ることでぶれることのない中心軸が実感できる。また日本刀の攻撃点は「物打ち」とされるが、それは先端の方にある。この部位に意識を集中することで、肉体より外側を覆っているアストラル体やエーテル体の範囲を意識することが可能になる。そうなると肉体、エーテル体、アストラル体にわたる中心軸である中脈を確立することができる。

中国武術で槍が「武器の王」とされるのも、これが「三角体」を基本とするところにある。ただ槍では縦の中心軸を確定するのは日本刀ほど容易ではない。一方、中心軸からの変化という点では日本刀より槍の方が優れている。盛平が晩年、松竹梅の剣と正勝棒術を考えていたのも、ひとつには中心軸を知るための剣術と、自在な動きを促す棒術（槍術）とが必要であることを霊視していたからであろう。中国武術で特に「三角体」を重視しているのは形意拳である。形意拳は古くから名人の輩出する名拳とされている。これには理由があるわけで、形意拳はほぼすべての動きを「三角体」で行うほど「三角体」に依拠したシステムを構築している。また形意拳には三才式という鍛錬法があるが、これは中心軸にそって腕を上げ下げする鍛錬法である。この劈拳《へきけん》の動きは日本刀と似ている。この三才式という名称は天、人、地の三才からきているとされるが、天はアストラル体、人はエーテル体、地は肉体を象徴している。これらの体を開くことを三才式は目的としている。そうであるから形意拳は武芸ではなく「道芸」と称されるのである。道芸とは霊的なエクササイズを含んでいるという意味である。

六、曼荼羅と「三角体」

図6は図5のまとめのようなものとして提示されているといえよう。これは曼荼羅と同じ形であり、また水、金、火、木が最後に土へと帰結されることが示されているものでもある。○には「末」と記されている。そして「相貌、性智」ともある。これらの意味するところは、□は変化の根本であり、それは即ち○を内蔵しているということにほかならない。つまり金剛界曼荼羅は三昧会《ざんまいえ》から成身会《じょうじんえ》まで九つの曼荼羅を並べて境地の変化を示しているのであるから、つまりは九つの□で大きな金剛界曼荼羅という□が構成されていることになる（図7）。そしてこれらは三昧会から成身会まで九つの曼荼羅をらせん状に巡る形となっている。つまり□の中にらせんとしての○の動きを含んでいるのである。また胎蔵界曼荼羅も中台八葉院や遍智院など十二の院は□で構成されているが、その構造は中央の八葉の蓮華の中心である大日如来からあらゆるものへと拡大し、またあらゆるものは大日如来へと収斂をする同心円状にそれが示されている（図7）。ここにも□の中に○を認めることができるのである。多くの秘教において世界観を表現する時に使われるのが○であり、△、□である。そして特に二元的に世界をとらえようとする場合には○と、□あるいは△の組み合わせとなる。この場合□は△を含むと考え、また△は□を派生すると見なすことになる。

山王神道における「五行」の霊視の中核となっているのは「葦牙（葦芽）」ということができよう。

図5で「葦牙」で示されているのは麗気の力であった。そして最後に示されているのが可美葦牙彦舅《うましあしかびひこぢ》の尊である。「土」とある□の「膏」について『古語類要集』には次のような引用をしている。

「一書に曰はく。古に国稚《い》しく地稚《い》しき時に、譬えば浮《うかべる》膏《あぶら》のごとくして漂蕩《ただよ》へり。時に国の中に物《もの》生《な》れり。状《かたち》葦牙《あしかび》の抽《ぬ》け出でたるが如し。これによりて化生《なりい》づる神ます。可美葦牙彦舅の尊と号《もう》す」

これは『日本書紀』の第一段の本文とは別に記されている伝承のひとつで、第一段には六つの異なった伝承が集められている。『古語類要集』が採っているのはその第二になる。そこに述べられているのは、我々の住む土地がまだ十分に固まっていない頃、（水や海水のような液体の上に）浮いて漂っている「膏」のようなものがあった、その中にあるものが発生した、その形は「葦牙」のようであった、そこから生まれた神が可美葦牙彦舅の尊であった、ということになる。この神を考える上で重要な伝承が第三の別伝（一書）に記されている。

「一書に曰はく。天地混《まろか》れ成る時に、始めて神人ます。可美葦牙彦舅の尊と号す」

注目すべきは可美葦牙彦舅の尊は「神人」とされていることであろう。これは神のような霊的な力を持つ人のことと解される。つまり、「中脈」が開いてアストラル体、エーテル体、肉体の整った状態を「可美葦牙彦舅の尊」は象徴しているのである。「土」は生成、変化の根本にある。そういったどのようなものにも姿を変え得る横溢したエネルギーの存在が漂う「膏」として霊視されたことをここでは知ることができる。神仙道でいうなら「混沌」である。「混沌」は「無極」であるが、これが

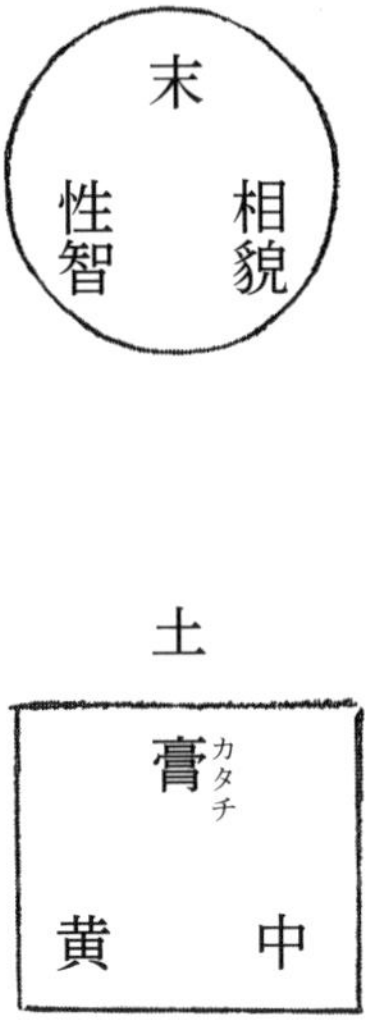

【図 6】

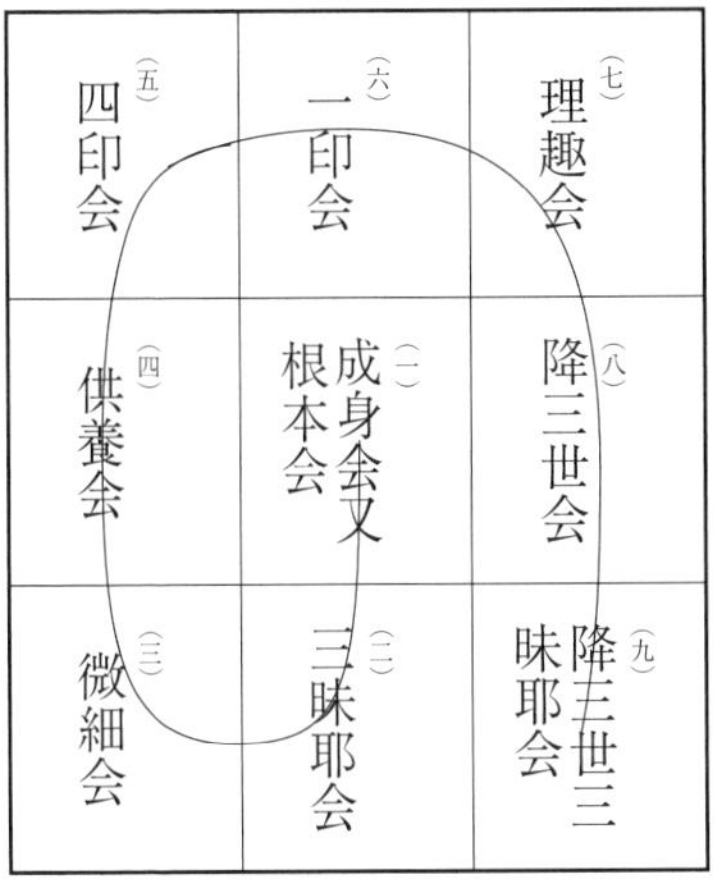

金剛界曼荼羅配置図

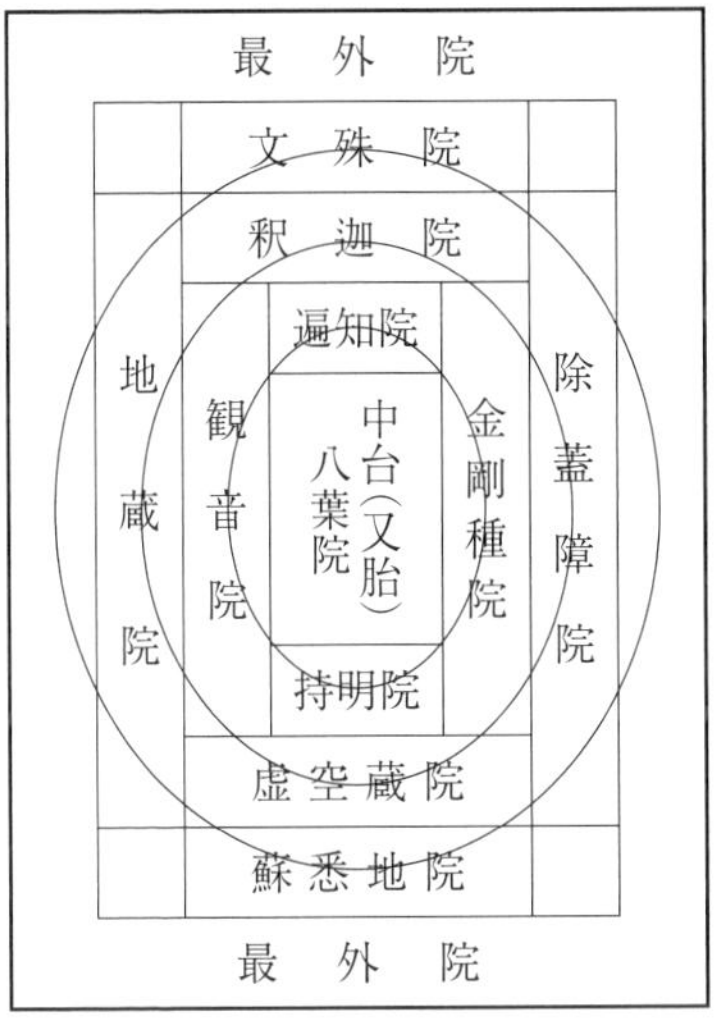

胎蔵界曼荼羅配置図

【図 7】

運動を始めると「太極」となる。混沌から運動を始めるきっかけとなるものを古代の人は「葦牙」と霊視していた。植芝盛平はこれを「•（ぽち）」と霊視した。○に•が生ずることで運動が始まり、斥力、引力（合気）が生まれたという。

「土」では「膏」にあえて「かたち」と読みをふっている。それが○の「末」では「相貌」として現れるのである。つまり、「土」においては「かたち」は未出現の状態にあることということになる。これは先に見た「状葦牙の抽け出でたるが如し」とあることと関係している。つまり可美葦牙彦舅の尊は「葦牙」そのものではない。それの抜け殻のようなものであるというのである。○に△が現れていない理由はここにある。つまり△は未だ出現していない状態にあるということである。

また○には「相貌」とともに「性智」が示されている。「性」とは本来の性質、性格、気質のことでこれはエーテル体によって表される。「智」は知性でアストラル体から生まれる。「相貌」は肉体である。つまりアストラル体、エーテル体、肉体が統一された状態が○で表されていることになる。ここでの「相貌」「性智」の組み合わせは、「肉体」と「エーテル体、アストラル体」の組み合わせであり、それが最後に（「末」に）アストラル体で統合されるというのは、アストラル体に霊視を可能とする「働き」が開かれてアカシック・レコードを読むことが可能となることを示している。一方、□は肉体であるから、ここでは肉体とアストラル体がひとつのものであることが、内に○を含む曼荼羅を実証として明かされている。こうした□と○を統一したころに「三角体」は生まれることになる。つまり「三角体」とは山王神道でいうなら曼荼羅と同じシンボルなのである。

七、霊的情報の実用化

ここまでに示された行法は、基本的には神仙道で小周天と称されているものと同じといえるが、ただ山王神道において見るべきは、そうした中で感得される内的な様相を神話とからめて詳細に示しているところにあろう。心身において「静」が深まり麗気が集まってくると自ずから「○珠」のような形となる。そして、そこから「陽気」とされる力（牙）の出てくるのを感じるようになる。あるいは霊視できるようになる。それが△で表されている。図8にあるのは、瞑想の深まりに応じて霊視される麗気の形である。また、それらの秘図は先にも触れたように○と□で構成される曼荼羅と同じであり、淡路州から諸小嶋《もろこじま》まではひとつのまとまった世界を形成している。

それはともかく、ここで紹介されているのは神仙道でいう「温養」の段階とすることができる。図6の段階がより深まると図8のようになる。図6では一応、アストラル体、エーテル体、肉体が開かれ調和が生じて霊視が可能となった状態にあった。こうした安定した状態をより確かなものにするのが、図8の「温養」である。ここでは特にイメージを使うようなことはしない。ただ静かに内面を見つめるだけである。そうして「静」の状態を味わい、深めることに努める。そうすることで「変容」は顕在化される。アストラル体やエーテル体のレベルでの「変容」は内的な事象に止まる。それを肉体のレベルまで降ろしてくるのが「温養」とされている。

図8の「淡路州」について『古語類要集』には、

「先ず淡路州を産むも、胸《きょう》意《い》快からずところなり、淡路州とはすなはち吾が恥というなり」

とある。伊邪那岐の神、伊邪那美の神が洲《しま》を産む時に、先に淡路州（洲）を産むのであるが、これは「淡い州」ということで、いまだ「州」として十分ではないと見なされた。つまり霊的なレベルで霊視を行うための「働き」が開かれたとしても、そこで見たアストラル体の光景を正しく認識することのできない状態にあるということである。ある人を霊視して黒い雲のような影が見えた場合に、その人が邪悪な心の持ち主である、と即断するようなものである。こうした誤りはアストラル体のレベルの情報と肉体のレベルの方法を等しく扱うことによって生まれる。こうした浅薄な判断は間違えて自らが恥をかくことになりかねない。『古語類要集』に「淡路州とはすなはち吾が恥というなり」とあるのは実に的確であるといえよう。『日本書紀』にはこのところが、

「産《こう》む時に至るに及びて、先ず淡路洲をもって胞《え》とす。意《みこころ》に快《よろこ》びざるところなり。故《かれ》、名《なづ》けて淡路洲と曰《い》ふ。すなはち大日本豊秋津洲《おほやまととよあきつしま》を産む」

とある。『日本書紀』では、淡路州（洲）を意に沿わない、歓迎できない「州」であったとする。しかし、これでは淡路州との関連が見えてこない。「わがはじ（吾が恥）」から「あわじ」とする方が話の筋は通っている。それはともかく山王神道で恥云々を特に記しているのは誤ったアカシック・レコードの霊視をして託宣を出してしまう危険を指摘してのことといわねばなるまい。山王神道では正しい「託

宣（霊視）」を得るためにはアストラル体のレベルの情報はあくまでベース（胞）としなければならないと教える。「先ず淡路洲をもって胞とす」とあるのは、アストラル体のレベルの情報がひとつの「衝動」として得られるに過ぎないためである。こうした「衝動」は思い付きのようなものであるからそのままでは使えない。必ずそれを正しく認識して、正しい理解に到達する必要がある。

「大八州」では○の外に八つの△が出ている。そして「六小嶋」では六つになる。これは霊視が進んで雑多な情報が排除されていく様子が示されている。アストラル体のレベルで得た「衝動」としての情報は、いくつもの解釈の可能性を持っている。それがエーテル体のレベルまで降ろされるといろいろと具体的な情報として認識される。そしてさらに「六小嶋」で示されるような正しい情報だけが選ばれることになる。これは雑念の排除ということでもあるし、神道では審神者《さにわ》とされるも

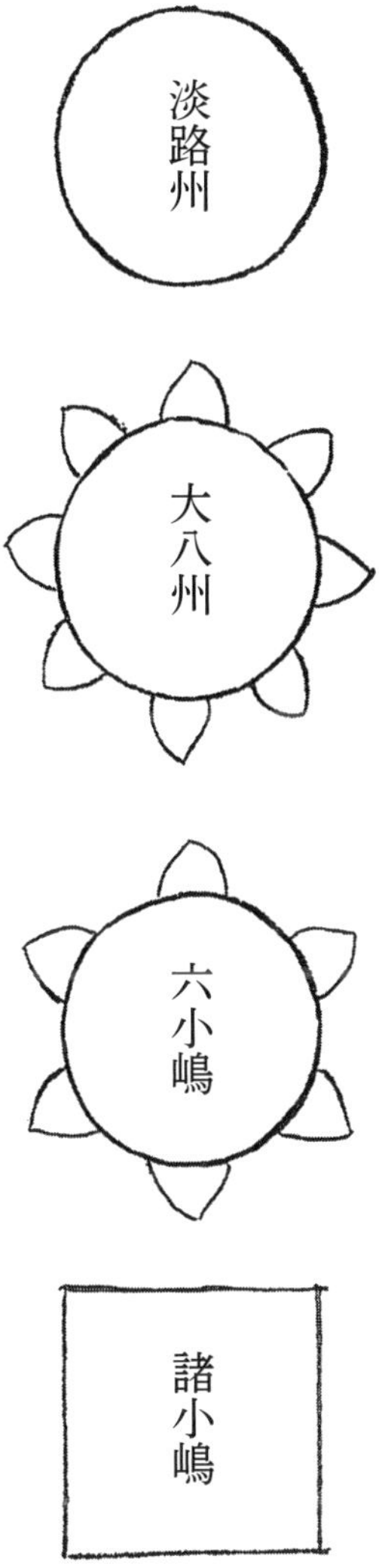

【図8】

のでもある。

「六小嶋」で『古語類要集』には『古事記』から興味深い一節を引いている。

「しかる後、還《かえ》ります時、六小島を生む」（図では「嶋」、文章では「島」が使われているが同意）

「大八州」を産んでから「還る時」に「六小嶋」を産むとあるが、わざわざ「還る」と記しているところを引いたのは、「大八州」として示されているエーテル体のレベルで得られたアストラル体からの「衝動」への理解を、再びアストラル体で体験し直すことでその正しい部分と正しくない部分をより分けることを意味している。「大八州」はある意味で根本であり、そこからいろいろな情報を得ることができる。しかし、そこには雑多なものが含まれている。そこで、改めてそれらの情報とアストラル体での「衝動」を比べて、どの情報が得るべきものかを選択するのが「六小嶋」として表されているレベルである。

このようにして得られたアカシック・レコードの情報は肉体へと降ろされる。これが「諸小嶋」で示されている。『古語類要集』には、

「その処々の小嶋は、皆これ水沫の潮の凝《こ》りて狎《な》れるものなり」

とある。これだけでは若干、意味が分かりにくいので、改めて『日本書紀』によると以下のように記されている。

「処々の小嶋は、皆これ潮の沫《あわ》の凝《こ》りて成れるものなり。または水の沫の凝りて成れるとも曰《い》ふ」

つまり「小嶋」は潮あるいは水のいずれでも「あわ」から産まれたという。「沫」は形はあるがす

ぐに壊れてしまうような不安定なものである。これはエーテル体のレベルではいまだ情報がひじょうに不安定で実用にはならないことをいっている。それは言語などに固定されて初めて実用に供され得ることになるからである。こうした固定化を肉体（物質）レベルでなすことにより、有用なる「情報」が得られる。アストラル体のレベルの「情報」はひらめき程度に止まる。それがエーテル体のレベルになるとひとつのイメージとなり、肉体のレベルで実際に使うことのできる「情報」となる。

植芝盛平は、合気道の技とはこうした霊的な情報を得ることを通して得られるものと教えていた。それが「合気道とは島（州）産み、国産みを習うこと」という言葉となった。また「合気道の技は気形である」ともしている。気形とはエーテル体の動きにより技が生まれるということである。エーテル体の動きにより技が生まれるとは、相手の動きをアストラル体のレベルで感知して、それを肉体の動きの反応としての「技」とすることである。この時に肉体とアストラル体をむすぶのがエーテル体となる。

日本でいう「気」はエーテル体だけではなく、アストラル体や肉体も含むが、特に「気」ということがよくいわれるのは、アストラル体と肉体をつなぐものとしてエーテル体が強く意識されてきたためと考えられる。その意味では合気道の「気」もエーテル体を主体として考えて間違いはあるまいし、「気形」も同様であろう。合気道のほとんどの技は大東流からのものといえる。しかし、盛平はそれを攻防の形とするのではなく、アストラル体やエーテル体、肉体をひとつにして円滑に運用するためのエクササイズとしてとらえ直していた。そうであるから大東流と合気道では同じ四方投げでも、その内実はまったく違ったものになっている。

日本では「剣禅一如」などといって、剣術の修行とともに坐禅を行うことが近世あたりから始められた。しかし、なかなか現実的に坐禅の修行が、剣術の上達に役立ったという声を聞くことはない。それは坐禅で得られるのはアストラル体のレベルの情報であり、それだけであれば山王神道で指摘されているように「淡路州」のように淡く、実用にならないものでしかないからである。これを「諸小嶋」の肉体のレベルまで降ろしてくるには「大八州」から「六小嶋」の段階を経なければならない。

また中国武術でも静かに立っているのみである「立禅」だけをすれば攻防に卓越した力を出せるのではないかとする試みが行われてきた。近代で有名なものには意拳がある。立禅を行いアストラル体が開いてアカシック・レコードを霊視することができれば、肉体においても卓越した動きが可能となるのではないかと考えたのである。確かに名人とされる人たちは皆、アストラル体が開いている。しかし、実際にはそうはならなかった。それはアストラル体と肉体をつなぐ方法がなかったためである。そこで近年にはやはり、意拳のもとになった形意拳の套路《とうろ》を使わざるえなくなっている。これは合気道で大東流の技を残さざるをえなかったのと同じである。このようにここに示されているのは、一つのアストラル体レベルの衝動○が大八州から六小嶋、諸小嶋へと微細になると同時に、それから得られる「情報」△も八から六へと精選され、最後には安定したものとなるということである。これが合気道において技として表れるわけで、盛平の「合気道は島産み国産み」とする教えの真義はここにある。

八、呼吸力の奥儀

図9では○が中心となっているが、ここに示されているのは「息吹」の教えである。合気道でいうなら「呼吸力」ということになる。呼吸力はエーテル体のレベルで働くが、それはアストラル体とも深く関係している。もちろん肉体ともむすびついていることはいうまでもなかろう。植芝盛平は「天の呼吸」と「地の呼吸」に言及していた。図9で「十柱神《とはしらのかみ》」とあるのが「天の呼吸」で、「河海神《かわうみのかみ》」とあるのは「地の呼吸」とすることができよう。また「十柱神」を陽に「河海神」は陰とされている。もちろん日本神話にはこれらの神々を陽と陰とする考え方は見られない。「十柱神」はすべて「風」の働きを霊視して得られたものと考えられる。以下にそれぞれの神名を見てみよう。

大事忍男《おおことおしを》の神は、風が生ずるのは風がどこかに押し込まれているからであると霊視して得られた神名である。こうした認識のあったことは風木津別之忍男《かざもつわけのおしを》の神からも知ることができる。この神は「木を揺らす風を押し込んでいるところ」があるとする霊視がもとになっている。大事忍男の神が大風の押し込まれているところとすれば、風木津別之忍男の神は木々を揺らせる程のそれほど強くない風かもしれない。石土毘古《いわつちひこ》の神、石巣比売《いわすひめ》の神は、一般的な解説では石や土、あるいは石や砂の神とされるが、これは石や土、砂を飛ばす程の風ということである。

また大戸《おおと》日別《ひわけ》の神、大屋毘古《おおやびこ》の神は、戸を揺らす程の風であり、大きな家を揺らすような風のことといえる。天之吹男《あめのふきを》の神や大綿津見《おおわたつみ》の神は、天からの風、海からの風と解される。そして速秋津日子《はやあきつひこ》の神と速秋津比売《はやあきつひめ》の神はともに「水戸《みなと》の神」とされるが、河口あたりの風と考えてよかろう。「秋津」とはトンボのことである。風に吹かれてトンボが飛ぶ様子から風という見えない力のあることを霊視をして得た神名であろう。

このように「十柱神」が示しているのはすべて「風」の働きであった。これは人では「呼吸」の働きということになる。山王神道で「十柱神」をして「呼吸」の説明をしようとしているのは、風が木を揺らしたり、砂や石を飛ばしたり、家をゆすったりする働きを持つためにほかならない。「息吹（気吹）」としての「呼吸」は、このような物理的な作用を生じさせるものなのである。いろいろな秘教的な行法では呼吸を制御することがよく行われている。呼吸法によって内外・心身を整えようとするのであるが、それによって物的な作用を生み出そうとすることは、迷信的な「超能力」の開発を除いてはほとんど見ることはできない。しかし、合気道ではこれを「呼吸力」として攻防の技において実現している。木を揺らしたり、砂を飛ばすように人を投げ、制することができるわけである。こうした「呼吸力」を考えるうえでもうひとつ重要なことが「十柱神」のところに書かれている。

「第九、第十神を合わせて、亦《また》十柱生まる」

これは『古事記』では十柱神の九番目に記されている速秋津日子の神と、第十番目の速秋津比売の神が他の八神とは違った特別な存在であることを示すための注である。実は速秋津比売の神は大祓の祝詞に出ている。大祓は現在でも六月と十二月に行われるが、この時にこの世の罪穢は「根の国、底の国」へと追いやられてしまう。そのプロセスを大祓祝詞は次のように教えている。まず流れの速い川の瀬に持ってこられてた罪穢は、そこにいる瀬織《せおり》つひめによって大海へと流される。大海では早開《はやあき》つひめがいてそれを飲み込んで、気吹戸にいる気吹戸主《いびきどぬし》という神によって、根の国、底の国に吹き飛ばされる。最後に根の国、底の国にいる速《はや》さすらひめという神がどこかに持ち去ってしまう。ここでは「風」と「早開つひめ（速秋津比売の神）」を見ることができるし、「気吹戸」とあるのは風が発生するところであるから、これも十柱神の大事忍男の神や風木津別之忍男の神と同じとすることができる。つまり罪穢が祓われるのは「風＝呼吸」によることがここから分かるのであり、そうした呼吸によってこそ呼吸力は生まれるわけである。「十柱神」の△は呼吸力の働きが生まれること、そして○はそ

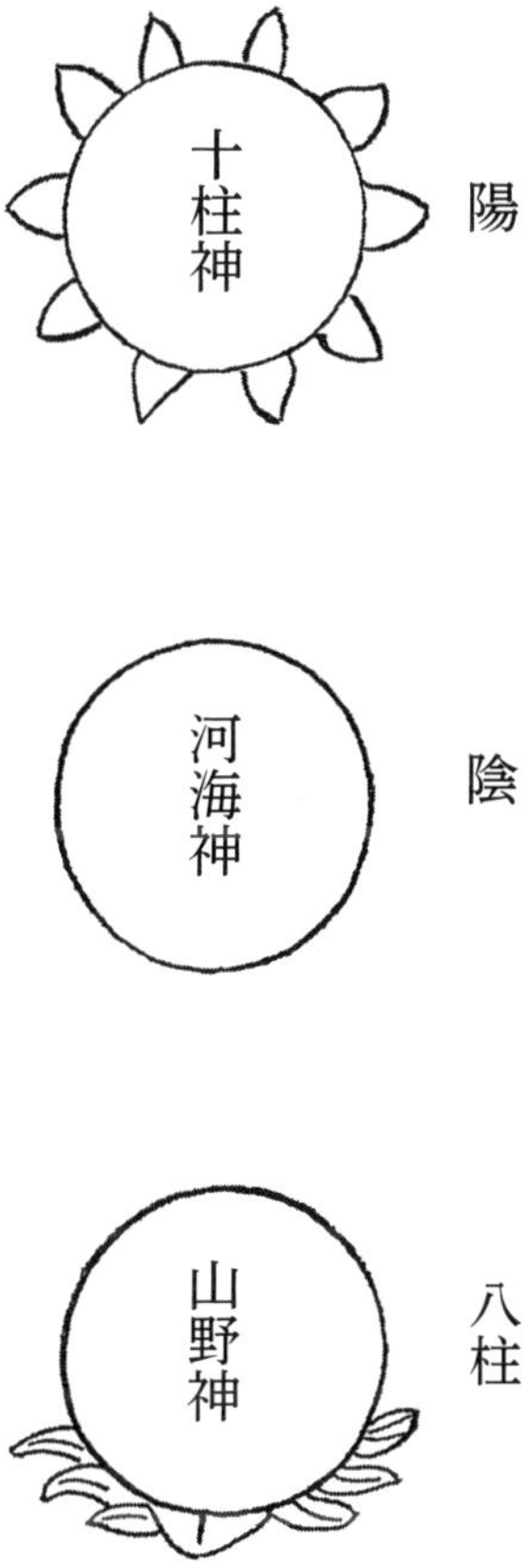

【図9】

れがアストラル体と関係していることを教えている。植芝盛平も合気道で重視する禊祓は、アストラル体を開くことでなされるというが、それがここに示されている。

また『古事記』では速秋津日子の神と速秋津比売の神から「河海神」が生まれたとしている。また「山野神」は「河海神」の最後に生まれた大山津見《おほやまつみ》の神、野椎《のづち》の神が生んだとする。これは図9がそろって○であるように、すべての神々は関係を持っているのであり、それらは一様にアストラル体と関係があるということにほかならない。つまり「地の呼吸」を象徴する「河海神」がエーテル体のレベルである「呼吸」の働きを表す△を含まないただの○で示されているのは、「呼吸力」の源泉がアストラル体のレベルに発する力であることを教えていることになる。

「河海神」には十二の神名があげられている。初めには沫那芸《あわなぎ》の神、沫那美《あわなみ》の神が生まれ、次いで頬那芸《つらなぎ》の神、頬那美《つらなみ》の神が生み出される。「頬」とは水面のことであり、四神からは共に「なぎ」と「なみ」の組み合わせを見ることができる。また、これらは「静」と「動」ということでもある。「沫」も「波」も物質である海水（水）と風により生じる。そして、そこには静と動の働きがある。

「静」の呼吸は力を拡散するもので、心身を緩めることができる。一方、「動」の呼吸では力を集中させることができる。こうした呼吸が水面の動きとして霊視されたことも、ひじょうに重要な教えといわねばならない。つまり呼吸はアストラル体を用いての霊視と肉体とがひとつに統合される時にエーテル体において生じるものであるからである。呼吸法とされるものは息を止めたり、激しくあるいは静かに呼吸をすること、つまり肉体を使うことでエーテル体に影響を及ぼし自在に心身を操ろうとするが、これではアストラル体は動かない。波を立てたり、静めたりはできるが、「沫」はけっして生じることはない。「沫（淡）」とは前節でも述べたように、アストラル体からの「情報」である。この段階までこなければ霊視をしても何ら有益なものを得ることはできない。

盛平は息を吸うことを特に「引く息」といっていた。これは息を吸うタイミングで相手を引き付ける（引力）ことができるからである。そして相手を投げる時には息を吐くことになる。合気道では盛平も「引力」を強調するように「引く息」から呼吸力を主として説いている。一方、中国武術では力を発することを「発勁」として重んじており、これには阿吽の呼吸があるとされるが、ここでは吐く息が重んじられている。「阿」は「ハアー」という感じで、力は大きく伸びるように発せられる。また「吽」は「ウン」で力は短く集約されて発せられる。もちろん中国武術にも「引力」としての力の使い方は「粘」として教えられるし、合気道でも呼吸投げなどでは吐く息とともに力を発している。「引力」「発勁」のどちらを強調するかは文化的な背景による違いに過ぎないようである。

沫那芸の神、沫那美の神、頬那芸の神、頬那美の神に見られる「なぎ」と「なみ」の関係は、伊邪那岐の神、伊邪那美の神にも見ることのできる。「なぎ」と「なみ」の視点から形成された自然観は、海の風が陸風から海風へ変わる時の朝なぎ、海風から陸風に変わる時の夕なぎからきたものである。これは夜から昼へ、そして昼から夜へと変化をする時に「なぎ」が現れるという自然観であった。つまり「なぎ」を境として変化が生じると考えられたのである。こうした「変化の機」という考え方が

「河海神」で示されていることは次の天之水分《あめのみくまり》の神、国之水分《くにのみくまり》の神、天之久比奢母智《あめのくひざもち》の神、国之久比《くにのくひ》奢母智《ざもち》の神を見ても分かる。ここでは「天」と「国」とが対になっているが、「みくまり」とは山から流れる水が分かれる所のことで、ここからひとつの流れが二筋や三筋になる。また「くひぎもち」は「汲瓠持《くみひさごもち》」で瓢《ひさご》（瓠）で水を汲んで施す意とされるが、「瓠」を自然でいうなら小さな湖のようなものであろう。いったん、湖に溜まった水はまた別な流れへと向かう。つまりこれらの神名からここでは状態の「変化の起点」が霊視されていることが分かる。「水分」とは水流が分かれることであるが、「みくまり」は「水配り」であり、これは風の神と同様に山の奥に水がプールされているところがあって、そこから流れが分かれ出ると考えられていた（これは湖のイメージとも重なる）。そうであるから天之水分の神、国之水分の神には水のたたえられているところの「静」から流れの「動」、つまり「なぎ」から「なみ」と同じものを見ることができる。また「比奢母智」では瓢の水（自然界では湖など）は「静」で、それを施す（自然界では湖からの流れ）のは「動」と見なすことが可能であるから、これも「なぎ」と「なみ」の働きと同じといえる。こられに共通しているのは「静」があって「動」があるという構図である。つまり、「なぎ」があって「なみ」があるわけで、「静＝なぎ」とはアストラル体のこと、「動＝なみ」は肉体である。つまりアストラル体を開くには「静」を得なければならないのであり、肉体を開くには「動」を得なければならない。「動」を得るとは適切な動き、つまりアストラル体の「静」から生まれた働きを得るということになる。

「河海神」の最後に生み出されるのは風の神、木の神、山の神、野の神（草の神）で、『古事記』では「あわせて四神」と注記してこれら四神が特別な存在であることを特に教えている。日本古典文学大系の頭注では「人間生活に関係の深い」神々であるとするが、この四神は山野にかたよっていて「人間生活」の全般に係るものではない。「人間生活」というのであれば、それに水を欠くのは納得し難いものがある。ここに示された特別な四神は呼吸に関するものと考えなければならない。風はもちろんであるが、木や草もそれが揺れることで風の働きとすることができる。また山は山から風が吹き降りてくるので風の封じられているところといえる。風の神とされる神は志那都比古《しなつひこ》の神であるが、これについて同じく日本古典文学大系の頭注には、

「志那都は息長（シナガ）の意か。人間の気息と風とを連想したものであろう」

とある。つまり、ここでいう「風」は、「息長」とあることからも分かるように人の呼吸と深い関係を有している。息長は「おきなが」とも読み、呼吸の長く続く意とされる。ちなみに木の神は久久《くく》能智《のち》の神で「久久」は「茎」のこと、「智」は「霊」のことになる。そのため久久能智の神は「茎の成長する力のこと」と解されている。また山の神は大山津見《おほやまつみ》の神、野の神は鹿屋野比売《かやのひめ》とある。鹿屋野比売はまたの名を野椎《のづち》の神としている。鹿屋野比売の「鹿屋」は「萱」で、野椎の神の「野椎」は「野の霊」である。

この四神を見ると、それが呼吸力を得るための心身の状態を教えるものであることが分かる。志那都比古は呼吸であり、久能智は正しく「立つ」こと、つまり「常立」で「くく（茎）」は背骨のイメージと重なる。背骨に活力があるとは背中に力があるということで、これが腕力ではなく全身の統一力

である呼吸力を使う時の鍵となる。中国武術でもこの力を開くことを重要視しており、これを開く方法は通背功などと称して秘伝となっている。また古くから名拳とされている通背拳などはこの功法を中核とする門派である。大山津見は三角体を示している。日本には山自体を神として崇める山（神体山と称される）がある。そうした山はだいたいが円錐形をしている。これを横から見れば三角となる。鹿屋野比売は萱のような柔らかさのあることを教えるもので、こうした心身の柔らかさが備わった時に呼吸力を得ることが可能となる。

　最後には「山野神」が生み出され、連弁の上に○が描かれている。これは神鏡の形であり呼吸力の完成した状態を表している。「山野神」として伝えられているのは八柱であるが、天之狭土《あめのさづち》の神、国《くに》之狭土《のさづち》の神と天之狭霧《あめのさぎり》の神、国之狭霧《くにのさぎり》の神が初めに生み出される。「土」は肉体を表し、「霧」はエーテル体を示している。また「狭」は微細であることをいう。そうであるから「狭土」とは「微細な肉体」のことで、これは肉体とエーテル体がひとつになった状態である。また「狭霧」は「微細なエーテル体」で、これはエーテル体とアストラル体が統合された状態といえよう。

「天」は上方、「地」は下方であるので、天之狭土の神、国之狭土の神で全身の肉体とエーテル体を、天之狭霧の神、国之狭霧の神は全身のエーテル体とアストラル体を示していることになる。つまりアストラル体、エーテル体、肉体が統合されていることをこれらの神々は教えている。またここに見ることのできるのは、

霧	アストラル体→エーテル体
土	肉体→エーテル体

であり、アストラル体も肉体もすべては呼吸の中心であるエーテル体へと統一されていることである。アストラル体からエーテル体へのアプローチは瞑想によらなければならない。一方、肉体からエーテル体へのアプローチは技の修練によらなければならない。植芝盛平は「瞑想」はしなかったようであるが、その代わりに長時間にわたる神拝を行っていた。これがアストラル体を開きエーテル体と融合させることに役立ったようである。天才的な武術感覚を持っていた塩田剛三は、「どうも内弟子にならなければ合気道の本当のところは会得できない」と思って内弟子になったと述懐していたが、内弟子になると長い時間の神拝にも形だけ出ていたという。中国武術からすればこれは静功ということができる。静功はただ一定の姿勢を保って静かにしていればよい。そうすることで気が養われる（つまりアストラル体とエーテル体の融合が生じる）とされる。そうであるから神を信じる信じないは関係ない。盛平は神信心によって自分の呼吸力が開いたと思っていたようであるが、本当は静功を行うことでそうした能力は開花したのであった。

次に生まれたのは天之闇戸《あめのくらど》の神、国之闇戸《くにのくらど》の神とされる。ここでも「天」と「国」を見ることができるが、これら二神は「天」と「地（国）」をひとつに統合する「常立」を示している。「常立」とはアストラル体から肉体を統合することであるだけではなく、入身転換をする動きにおいても欠くこと

のできないものである。日本古典文学大系では天之闇戸の神、国之闇戸の神について、

「渓谷を掌る神」

と注をしている。これと同じビジョンを老子も持っていた。「谷神《こくしん》」である。老子は「谷神」について、

「谷神は死せず。これを玄牝《げんぴん》と謂う。玄牝の門、これを天地の根と謂う。綿綿《めんめん》として存するがごとし。これを用いらば勤《つか》れず」（第六章）

と教える。つまり「谷神」は「玄牝の門」であり、「玄」とは暗いという意味であるから「玄牝の門」とは「暗い（女の）門」ということになり「闇戸の神」と同じ状態を霊視したものと考えられる。さらに「天地の根」の「天」と「地」は「天」「国」とあるのと同じとすることができる。

ほとんどの『老子』の解説書では最後の「用之不勤」を「これを用いて勤れず」と読むが、「これ」が何を指すのか明確ではない。そうであるからどうして疲れる（勤れる）ことがないのかも説明できていない。ここで老子は、綿綿の呼吸を用いれば疲れることはないと教えているのである。太極拳の拳訣に「綿綿不断」がある。これは呼吸が柔らかく、静かに途切れることのないように、ということを教えている。老子の「綿綿として存するがごとし」とある表現は「綿綿」の呼吸の要訣をよく伝えている。合気道もそうであるが、こうした「呼吸」は意図して作ることのできないものである。既に肉体からエーテル体へのアプローチのあることを示したが、この呼吸は肉体の動きによって開かれる。太極拳のようなゆっくりと途切れのない動きが呼吸力を発することのできる「綿綿」たる呼吸を開くことになる。「存するがごとし」には呼吸そのものに特別な意を用いない、むしろ呼吸云々を忘れる

ということである。このようにして呼吸力を養うことはアストラル体、エーテル体、肉体を統合させることであるために活力に満ちた心身となり、疲れることも少なくなる。

このように山王神道で「山野神」とあるところでは呼吸力の奥儀が霊視されていたことが判然とした。そして最後に生まれるのが大戸《おほと》惑子《まといこ》の神と大戸《おおと》惑女《まといめ》の神である。これらの神々は「迷い」を霊視して現れた神格といえよう。「戸惑」とは入るべき「戸」に惑うということである。これは合気道でいうなら、入身の奥儀である「網代に抜ける」と同じとすることができる。「網代」とは竹や葦などを斜めに編んだ塀や垣のことである。つまり斜め（死角）からの入身のことで、これを中国武術では七星歩として最も重要な歩法と教えている。合気道では、数人が円陣を組んで囲んで一気に攻撃してくるのを抜ける捕り方があるが、これには複数の人が共通して作り出している「死角」を瞬時に判断して、そこから囲みを抜け出さなければならない。もちろん一対一の稽古でも入身転換においては「網代に抜ける」となることが求められるのであり、常にアストラル体により相手の「死角」を把握できる状態になければならないのである。

こうした「網代に抜ける」ことに特化して考案されたのが八卦掌である。八卦掌には「八門遁甲」と「十面埋伏」の秘訣がある。八門遁甲はアストラル体を開くことで「開、休、生、傷、杜、景、驚、死」の八つの入身の機を知ることができなければ使えないし、十面埋伏は八方向と上下のどこからでも入身をして攻撃ができるように肉体が自在に動く状態になければならない。簡単に八門遁甲を説明すれば次のようになる。

開門	相手の攻撃に対して死角から入りそれを無力化する。合気道の表の入身に近い。
休門	相手の後ろの死角に回って攻撃を封じてしまう。合気道の裏の入身に近い。
生門	擒拿〈きんな〉（逆手）を死角からの入身と同時に使う。
傷門	肘などを死角からの入身と同時に打つ。交差法とよばれるもののひとつ。
杜門	一挙に相手を制圧してしまう。死角からのカウンター攻撃を行う。合気道の当身はこのタイミングで行う。杜には閉じる、塞ぐの意がある。
景門	死角からの体当たりで入身を行う。このタイミングで体当たりをされると、一瞬息が止まる。太極拳では多用される（靠〈こう〉）。合気道でも胸を両手で押させてそのまま跳ね飛ばす技がある。景には力強いの意がある。
死門	これは死地（数人の相手に囲まれるなど絶体絶命の状態）にあって複数の人の意識の隙間（死角）を見つけて脱出するものである。合気道の多人数掛け、多人数捕りはこの練習といえる。

八卦掌は直線的な攻撃をあまり使わない。そうであるから八門遁甲の秘訣を知らないと実戦では使えない。これは合気道の当身についてもいえることであろう。盛平は合気道の実戦において当身の重要なことを述べている。合気道の当身の力は一般的な突きとは違い、呼吸力から得られなければならない。呼吸力とは、いうならば「入身のタイミング（入身の呼吸）」にある。

盛平は『古事記』には合気道の戦略が記されているといっていた。「大戸惑」はまさにそうであろう。呼吸力による入身を使えば、相手はこちらの動きをつかむことができないので、どのように応じるべきか判断できない。こうした「呼吸」の奥儀がまさに実感をもって示されているのが「大戸惑」である。合気は初めは相手を肉体のレベルで捉える。これが「狭土」で示されている。この感覚が細かになると、触れているところを媒介に相手の内面へと入ってコントロールすることが可能となる。また相手の意識の動きを知ることは「狭霧」で表されている。この段階では相手の意識の動きを無意識にとらえて自然に体が動くようにならなければならない。こうして呼吸力が出てくると相手はこちらの動きが読めなくなる。つまり「闇戸」が生まれる。さらに心身の統一が進んで呼吸力が深くなると、まったく相手はこちらを補足できなくなるので、まさに手も足も出ない状態となる。それが「大戸惑」である。

このように「十柱神」から「山野神」までに示されている神々は、呼吸力の奥儀を細かなところまで伝えるものであることが理解されるであろう。山王神道では、『古事記』の神話からさらに霊視を深めてそこに呼吸力（当時の言葉では気吹・息吹）の奥儀をここに見たのであった。それと同じことを盛平も霊視していたわけであるが、古代の優れた情報も時代、時代によって読み直すことがなければ実際に有効な情報とはなり得ない。気吹は気吹のままでは現代では使えない。それを呼吸力として読み直すことが必要なのである。

九、呼吸と引力

図10では「石楠船神《いはくすぶねのかみ》」と「都比女神《つひめのかみ》」が示されている。ここでは特に、○に「是《これ》有るべからず」と記す。また、半円の「石楠船神」と、円の「都比女神」が線でつながっている。これはふたつがひとつであり半球形であることを示している。つまり立体的な形であるということである。これは三角体の変化となる。『古事記』には、

「鳥《とり》之《の》石楠船《いはくすぶね》の神、またの名は天《あめ》の鳥船《とりふね》と謂ふ。次に大宜都比売《おほげつひめ》の神を生みき」

とされており、山王神道にあるような陽陰、男女の関係を見ることはできない。こうした組み合わせは霊視によるものと考えらえる。それではこれを霊視した人物は何を見たのか。『古語類要集』には「石楠船神」のところに次のように注をしている。

「復《また》生まる神の名は鳥之石楠船の神、亦《また》名を天鳥《あめのとり》八《や》口《くち》神の船と謂ふ」

ここでは「鳥」が強調されている。古代日本で「鳥」は古墳の壁画などにも書かれているが、それは霊界へと死者の魂を導くものであった。そうしたことからすれば「石楠船神」は物的世界から霊的世界へと導くものと考えられる。肉体からエーテル体、アストラル体へ向かうものとすることができよう。

一方の「都比女神」は下降する働きを示している。大宜都比売の神は須佐之男の命に殺されてしまう。そしてその体からは蚕、稲種、粟、小豆、麦、大豆が生じたとする。これが地上にもたらされる。つまり霊的な世界から物的な世界へ向かうことを「都比女神」は示しているということができよう。大宜都比売の神の死体から得たものを地上にもたらしたのは神産巣日御祖《かみむすひのみおや》の命であると『古事記』にはある。盛平は、

「高産御巣日《たかみむすひ》、神産巣日の二神の、右にらせんして舞い昇りたまい、左にらせんして舞い降りたまう御行為」

のあることを霊視している。つまり盛平の霊視によれば神産巣日御祖の命は左に螺旋して舞い降りる働きを示すものなのであり、ここで紹介している山王神道の霊視と一致している（神産巣日御祖の命については神産巣日の神の母神とする説もあるが、天地の初めに生まれた神産巣日の神を尊んで「御祖」としたとも考えられる。いずれにしても同じ系統の神であるから働きも同じとなる）。また盛平は舞い上がり、舞い下がる螺旋の動きが三角体と深いつながりのあることも教えている。

「高御産巣日の神、神産巣日の神、心を丸く体三面に進んでいかなければならない」

これからは半円の象徴する円が、心の働きを表したものであることが分かる。また山王神道では舞い上がる働きを「石楠船神」に採っているが、盛平は「高御産巣日の神」に充てている。こうした違いからすると盛平はやはり山王神道の文献から直接にこうした情報を得たのではなく、独自の霊視によっていることが分かる。

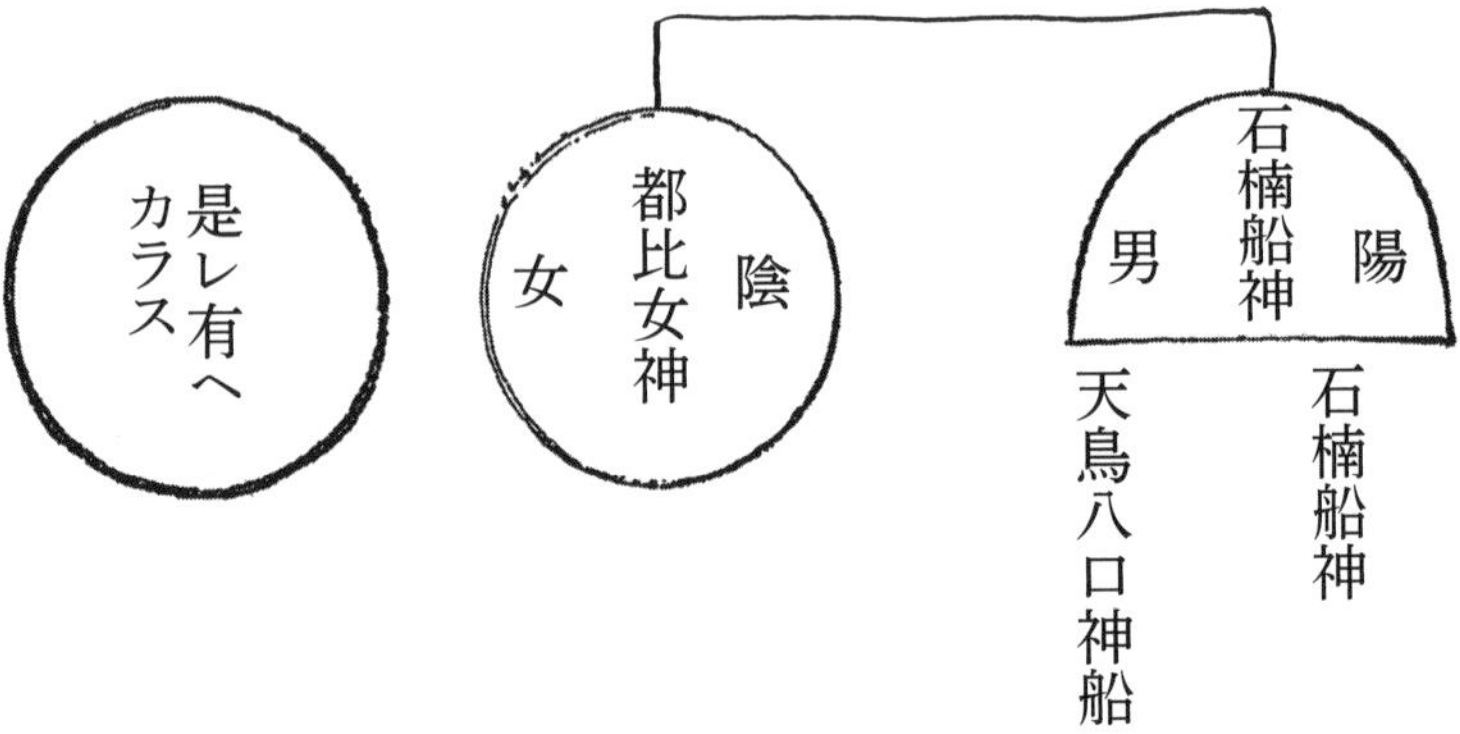

【図10】

ただ「舞い上がる」といっても、具体的にこれがどのようなことを指すのか分からないが、山王神道で「石楠船神」とあることからすれば、これが物質界、肉体のレベルからアストラル界、アストラル体のレベルに「舞い上がる」ことであることが理解される。一方の「神産巣日の神」も、それが「都比売神」と同じとなれば、既に説明したようにアストラル体のレベルから肉体へと「舞い下がる」ことであることが分かる。また注に「天鳥八口神の船」とある「八口」とは、目、耳、鼻、陰部、尻の穴のことで、大宜都比売の神はそれらから食物を出して須佐之男の命に供した。そのために須佐之男の命から「穢《け》汚《が》して奉進《たてまつ》る」と激怒されて殺されてしまう。つまり天鳥八口神の船とは舞い上がる「天鳥船」と舞い下がる「八口神（大宜都比売の神）」とがひとつであることを表している。合気道において三角体は基本である。三角体

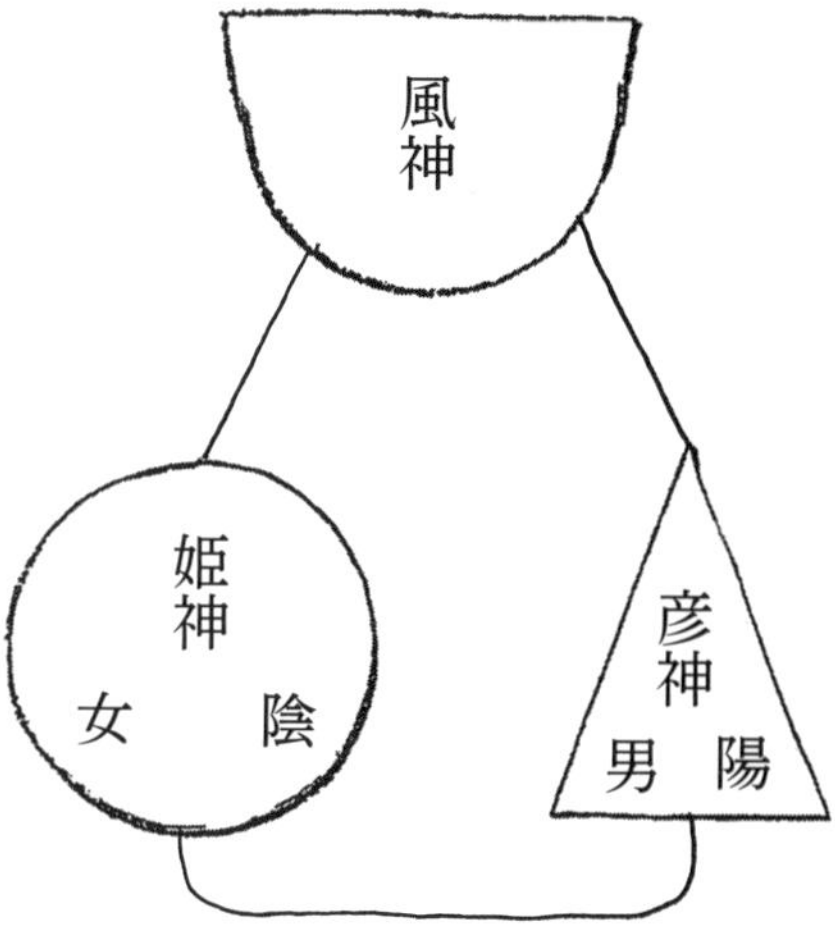

【図11】

は半身の構えであるから三角錐であるが、これが「むすび（統合）」の働きを持つには転換がなければならない。転換とは螺旋に動くということであるから、三角錐を回転させると半球の形（円錐）になることになる。これを霊視したために、ここでは特に立体的な象徴を示そうとしている。つまり転換の動きは、自身のアストラル体、エーテル体、肉体を統合する「むすび」であるばかりではなく、相手のアストラル体、エーテル体、肉体とも一体化する「むすび」の働きを象徴するものなのである。

図11は「風神」の半円と「彦神」の三角、そして「姫神」の円がこれも線でつながっている。図11を見れば図10を含めた教えが三角体に関するものであることがより明確になる。図10では半円の「石楠船」と円の「都比女神」とが「陽、陰」「男、女」となっている。同様に図11では「彦神」と「姫神」が「陽、陰」「男、女」とある。これにより図10は図11の「彦神」と「姫神」の部分を強調して表しているものであることが分かる。一方の図11は「風神」の下向きの半円が加えられている。

図11については『古語類要集』に次のようにある。

「伊弉諾の命ののたまはく『我が生める国、ただ朝霧のみ有りて、薫り満てるかな』とのたまひて、すなはち吹き払ふ気《いき》、神と化為《な》る。これを風の神と謂ふ。また大宜都比売の神を生みき」

伊弉諾の命が国の中にはただ「朝霧」のみがあるので、それを吹き払ったところ神が生まれたとする。これが風の神である。また大宜都比売の神も生まれたとある。これには『日本書紀』に似た一節がある。

「伊弉諾の尊ののたまはく『我が生める国、ただ朝霧のみ有りて、薫り満てるかな』とのたまひて、すなはち吹き払ふ気、神と化為る。号《みな》を級長戸辺《しなとべ》の神と曰《もう》す。または級長津彦《しなつひこ》の命と曰す。これ風の神なり。また飢《やは》しかりし時に生めりし児《みこ》を倉稲魂《うかのみたま》の命と曰《もう》す」

ここでは「風の神」を「級長戸辺の神」、または「級長津彦の命」というとする。他には「倉稲魂の命」が生まれたとある。倉稲魂の命は食物神であるから大宜都比売の神と同じである。あえて図11で倉稲魂の命ではなく大宜都比売の神を出しているのは図9との関連を持たせるためである。そうして「彦神」は「石楠船神」であり、「姫神」は「大宜都比売の神」と分かるようになっている。

『古語類要集』には、「級長戸辺の神」「級長津彦の命」について次のように読ませる。

「すいたけとかへし（級長戸辺）神」

「すいたけつちひこ（級長津彦）命」

「級長《しなつ》」は先にも見たが「息長《しなが》」のことで、つまりは呼吸のことであった。しかし、『古語類要集』ではこれを「すいたけ」としている。これは「吸い猛」という意味となろう。「猛」は「優れている」

との意と解される。つまり「吸う」ことに優れている、ということである。これはあるべき正しい呼吸ということになろう。「戸返し」の「戸」は、口あるいは鼻で、そこから反転するとの意で「吐く」息の生じることを示している。確かに正しく息を吸えば、正しく吐くことができる。また「津彦」の「つちひこ」は普通に読めば「つひこ」となるが、ここではあえて「つちひこ」と読ませている。「つち」の「つ」は「〜の」ということで、「ち」は「霊」である。つまり、「すいたけつちひこ（級長津彦命」とは、「正しく吸うことにより霊的な力を生じさせることのできる男の神」ということになる。「風神」が半円であるのは、呼吸が吸う息と吐く息でできているその半分ということであるが、その半分が吸う息であることが、こうしたところに示されている。

興味深いことに、盛平も息を吸うことで魂が入ってくると述べている。これはまさに「すいたけつち」と同じである。

「自分の息を、こう吸ったら、自分の魂が入ってくる。引く息は自由である」

ここで盛平は「吸う息」によって「魂」が入ってくると教えている。また、「吸う息」のことを「引く息」とも述べているのは、これが「合気」の根幹である「引力」と関係するからにほかならない。つまり、「息を吸い込む折りには、ただ引くのではなく全部己れの腹中に吸収する」

とあるような気持ちで息を吸うことにより「引力」は生まれるのである。その時には自分の「魂」はもちろんであるが、相手の「魂」も等しく入ってくるような感覚を得ることができる。**図11**の「風神」が下向きの半円で、**図9**の「石楠船神」が上向きの半円であるのは、これらがひとつになって円、つまり球をなすことを示すためでもある。「風神」の吸う働きにより「石楠船神」に象徴される霊的なものが肉体へと統合される。それはアストラル体からエーテル体、肉体が統合されることでもある。こうした統合と呼吸とがひとつになった時に初めて引力は生じることになる。

十、剛、柔、流、気と呼吸力

図12に示されているのは呼吸力の完成した形である。図10、11で上下の半円（半球）であったものがひとつになって円（球）として表されているのがこの秘図となる。ここではふたつの○が示され、図10、11と同様に「陽と陰」「男と女」の関係となっている。そして「草姫」「稲彦」とある。『古語類要集』には「草姫」について、

「次に草《かや》の祖を生む。号して草姫《かやのひめ》と曰ふ。また野槌《のつち》と名づく」

と注をしている。これは『日本書紀』によるものであるが（『日本書紀』では「草野姫」）、また同書の「一書」には次のような興味深い伝承も記されている。

「野槌《のづち》をして、五百箇《いほつ》の野薦《のすず》の八十玉籤《やそたまくし》を採らしむ」

「野薦」とは野の小竹のこと。「玉籤《たまくし》」とは霊魂の依り付く棒（串）の意である。つまり野の小竹をして多くの霊魂の依り付く「棒」を作ったということになる。こうした神霊の依り付く「棒」は、特

別なものでなければならなかった。そうであるので、どの「野薦」が神霊を依り付かせるのかを野槌は知っていたということになる。野槌は「野のち（霊）」であり、そうした特殊な霊的感覚の持ち主であることが示されている。つまり「草姫」とは「魂」の依ってくることを表しているのであって、これは呼吸でいえば「吸う息」のこととなる。「草姫」の下の方が黒くなっているのは白い○に外界から「魂」が侵入してきている、依り憑いていることを示すものである。

また「稲彦」については『古語類要集』では次のように注をしている。

「次に飢《やは》しかりし時に児生《みこ》めり。稲食魂《いねしきみたま》の命と号しむ」

稲食魂の命は、飢餓感から生まれた神であるというのである。しかし、この「飢し」について日本古典文学大系の『日本書紀』の頭注には「弥淡し」であろうとして、

「餓えてやわらかになり気力を失う意」

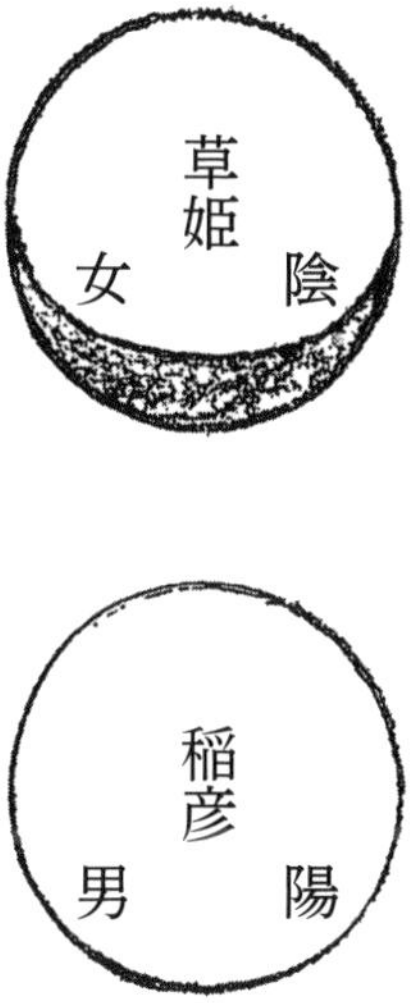

【図12】

としている。つまり「やわし」とは「柔し」なのである。「稲食魂」は「米（稲）を食べることによって得られる魂」の意となる。「稲食魂」は「米」に込められている。そうであるから「米」を食べることで活力が得られることになる。しかし、これは本来は空腹でふらふらになったような「やはし」となれば、米を食べた時と同じく活力が得られるという教えではなかったかと思われる。

実際に「餓えてやわらかになり」とは、「柔」を得ようとする時の稽古ではよく用いられる方法でもある。フラフラになるような状態をさらに越えることで、しばしば肉体を超えると称されるような別次元の力が開いて、真の「柔」が得られるとされている。また古代日本では「やわし」が「弥淡し」であったとすることからも生命力との深い関係のあったことを窺わせている。「淡い」については『日本書紀』に淡路洲を胞として大日本豊秋津州が生み出されたとあることでも分かるように、生成のひとつの重要な起点として「淡い」があったのである。

「淡い」とは微細であるということで、これは「狭霧」や「狭土」の「狭」と同じであり、こうした状態が何らかの霊的変容を促すと考えられていた。粗大身である肉体のレベルから微細身であるアストラル体のレベルへと入る。そうすることで別次元の力、つまり真の柔らかさが得られることになる。そしてそこには生成の働きがある。合気道であれば「技」が生まれることになる。

そうしたことを「稲彦」は示している。老子も若芽は柔らかく、生きている人は柔らかいとして「柔」を中核とする生命観を提示しており、これによって太極拳も創案された。しかし、その「柔」には「淡」であるアストラル体やエーテル体の統一が含まれていることをほとんどの人は知らない。そのため太極拳は、ただ脱力をすれば上達をすると思われている。しかし、それだけではたいした充実、成果を得られることがないのは、太極拳を正しく練っていないからにほかならない。真の「柔」は「淡」がなければ得ることはできないのである。「稲彦」で示されているのは「吐く息」である。「吐く息」により心身を緩めることができる。太極拳では真の柔らかさを「風に揺れる蓮の葉」としている。一方、山王神道では「稲（彦）」とする。稲もその先に「米」というおおいなる生命力の源を持ち、しっかりと大地に根を張って柔らかに立っている。まさにこうした状態が真の柔らかさなのである。

盛平は「三元」として「剛、柔、流、気」をあげている。「三元」は古神道で見出された概念であるが、その場合には「気」は含まない。これは「気」を入れると四元になってしまうので当然といえば当然であろう。これらはだいたいにおいて、

剛　肉体

柔　エーテル体

流　エーテル体（アストラル体に通じる）

とすることができる。また「気」については、

「気にも悉く剛柔流の働きがある。そして動いている」

として、剛体にも柔体にも流体にもことごとく「気体」が関係しており、そうしたものを動かす原動力として気体（アストラル体）のあることを盛平は霊視していたことが分かる。この気体とは勝速日と考えてよかろう。

「私はこの世の禊の根幹として天の浮橋に立たされると同時に、神気勝速日のもとに天の浮橋に降り、この世のために武産合気として宇内の行に従す、これ合気なり。合気は神の立てたる神の道、その務めのまま禊の真義を開進する」

ここで盛平は神気である勝速日のもとに「武産《たけむす》合気」「合気」は立てられたのであり、それは「禊」の真義を示し進む道であると教えている。つまり肉体（剛体）、エーテル体（柔体、流体）はそれが存するだけでは合気道として意味をなさないのであり、それらを通して浄化（禊）が生じることが大切で、そのためには勝速日（アストラル体）が働いていなければならない。「天の浮橋」に立つとは「むすび」の状態を得るということである。これは大きくいえば心身の「むすび」であり、呼吸力ということに限定していうならば吸う息、吐く息の「むすび」でもある。このように合気道の技はすべて「禊」の動きであるのであるが、それは攻防の動きとして展開することもある。

「肉体の柔体の上にも、柔体の世界の武があって、三元の働きによってみそぐ」

ここでの「肉体の柔体の上」という言い方は分かりにくかもしれない。肉体は三元でいうなら固体になる。もし肉体を用いての「武」ということであれば、剛体の「武」としなければならない。しかし、肉体の「武」は柔体であるとする。これは合気道における肉体の動きがエーテル体（柔体）と融合したものであるためである。実際に盛平の演武を見ても分かるが、そこには独特の柔らかさがある。こうした柔らかさはエーテル体と肉体が融合しなければ得られるものではない。ただ体の力を抜いただけでは本当の意味での勝速日の働く柔らかさは得られないのである。

剛、柔、流を武術的に考えるならば次のようにいうことが可能であろう。

「剛」は直線的な力の使い方であり、これは当身として展開される。合気道は当身が「七分」と重視される。剣の動きはこうした力を練るのに適している。盛平は晩年、松竹梅の剣を模索していた。これは中国武術でいえば発勁とされる力の使い方で、力を集約する働きといえる。形意拳などはこの動きを基盤にしている。

「柔」は曲線的な力の使い方であり、これは投げ技などとして展開される。合気道で稽古の中心がこうした力の使い方を習得することに費やされるのは、柔を中心とすることで剛でも流でも使うことが可能となるためである。盛平はこうした曲線的な力を練る方法として正勝棒術を考えていた。棒は剣に比べて丸い動きをすることができるので、動きの柔らかさを練るには適している。八卦掌はこうした力の使い方を基盤としている。

「流」は固定した攻防の動きである技・形として練ることはできない。相手の気配を察して自由に動くからである。この段階を中国武術では凌空勁《りょうくうけい》という。よく触れることなく相手を倒すもののように誤解されていることも多いようであるが、相手を制するのは実際には剛あるいは柔の技となる。ただ流のレベルになると相手が攻撃するより前にそのタイミングを外してしまうので、攻防の生じないのが理想とされる。合気道では同じ技でも大東流に比べて「流」のレベルの間合いが特徴的に見られる。よく「しっかりと腕を摑まないうちに技が始まっている」と批判されることもあるが、それは「摑もう」とする意識の生ずると同時にこちらが動きを始めるからである。太極拳ではそのあたりの間合いを次のように教えている。

「離れていまだ発せず。すなわちよくそのまさに発せんとするを知るべし。彼、何《いつ》くの処にか動かんと欲するも、すなわちよくそのまさに動かんとするを知る」

相手とは離れた状態で攻防がまだ始まっていない。こうした状態にあって相手の攻撃してくるタイミングが分かるのが凌空勁である。相手がどのタイミングで動いても、それを知ることができるのである。そのように太極拳では凌空勁を説明している。これは合気道の特徴的な間合いを的確に説明しているとすることができるであろう。これを行うには勝速日、つまりアストラル体が開いていなければならない。

このように剛、柔、流、気の三元を使うには柔、流が基本とならなければならないわけであるが、そのことは図11でも示されている。「草姫」は「萱」姫であり、これは「稲彦」の「稲」と、風に吹かれて柔らかにしなるものとのイメージにおいて共通している。こうした心身があって初めて呼吸力は使えることを山王神道では霊視をしていたのであり、そうした「情報」をより具体的に攻防の技として展開したのが盛平であった。このような柔らかさを太極拳では「百節、骨無きがごとし」とする。全身が骨の無いような柔らかさとなるということである。これは武術的にあるべき心身というだけではなく、本来の心身の状態ということができる。山王神道でこれが武術として展開したかどうかは分からない。しかし、こうした心身の状態で攻防を行えば大きな力を発揮できることも間違いのないことである。中世に叡山の僧兵は朝廷をもってしても制することができないとされたが、その強さの秘訣は山王神道の修行にあったのではなかろうか。

十一、△、○、□と合気

図13では△、○、□の図形が示されている。この三種類の図形は神秘学において秘教的なことを説明するには欠くことのできないものといえる。だいたいにおいて○と□は対立する状態を示すことに使われ、△は運動を表すことが多いように思われる。そして、こうした図形にいろいろな意味を読み込もうとするのが神秘学の傾向としてある。植芝盛平はこれらを、

△天、火

○水

□地

と霊視している。その詳細については以下において触れるとして、まずは『古語類要集』の説明を見てみよう。△火については「句々遒馳《くくのち》の神」とある。しかし、『古事記』（久久能智の神）ではこの神を「木の神」としている。こうした違いは重要で、山王神道ではこの神を特に「火」の神として霊視したことを表している。この神については既に触れたが、茎の成長する霊的な力を表しているのであるから、旺盛な生命力という意味ではこれを「火」と見ることは可能であろう。また五行説では「木

【図13】

は火を生む」とする。それは「木」の中に「火」が含まれているからであると考える。こうしたところからしても△を「火」として木の神をあてるのは妥当と考えられる。

次の○は「水神」とある。これについては、

「水門《みなと》の神等を生む。建秋田《たけあきた》の命と号《い》ふ」

とする。ここにも『古事記』との違いが見受けられる。つまり『古事記』では「速秋津日子《はやあきつひこ》の神」としているが『古語類要集』ではあえて「秋の田」を強調している。「建」は力があるということであるから、これは秋の田に稲が実って力のあふれている様子を霊視して得た神であることが想像できよう。また「田」と「水」は関連が深くイメージ的にも重なりやすいように思われる。

そして□については次のように述べている。

「土の神を生む。号して埴山姫《はにやまひめ》の神と曰ふ。また埴安姫の命と云ふ。しかる後、万福《よろずふく》の物（を生む）」

『日本書紀』でも埴山姫（埴安の神）は「土神」とされている。また『古事記』では波邇夜須毘古《はにやすひこ》の神、波邇夜須毘売《はにやすひめ》の神として見えている。

ここに引用した『古語類要集』に「しかる後、万福の物（を生む）」

とあるところが、『日本書紀』では「悉《ふつく》に万物を生む」とあって、「福」は山王神道で加えらたものであることが分かる。それは火の神である軻遇突智《かぐつち》と埴山姫が結ばれて生まれた稚産霊《わくむすひ》のことを特に示唆するために加えられたものと思われる。火である△（軻遇突智）は、地の□（埴山姫）に含まれる（ふたつの三角で四角が構成される）。つまり軻遇突智は埴山姫に含まれることになる。

そして稚産霊の「稚」は若々しいということであるから、ここに「新たな霊的なむすび」の現れたことが「稚産霊」として示されている。この新たに生まれたむすびとは△でも□でもない新たなもので、これが○となる。盛平がことさらに△を天、□を地として関係あるものと霊視したのは、こうした軻遇突智と埴山姫の関係と同様のものを霊視していたものと思われる。「同様のもの」とは△（火）の力は□（地）の力によって三角体の基本ができるということである。五行説では「火は土を生む」とする。これは内的な「火」である先天真陽の一気が発動することで、そうした力を使う基盤となる肉体も整うということと解される。

埴山姫（埴安の神）については日本古典文学大系『古事記』の頭注には、

「埴粘す（ハニネヤス）で、土器の材料のねば土をねばらせる意」

とある。つまり「粘り」がここで生まれるというのである。これにより□で霊視されている肉体に出現する働きは「粘り」であることが分かる。太極拳でいうならまさに「粘勁《ねんけい》」となろう。粘勁は太極拳の基本であり奥儀でもある。またこれを「合気」とすることができる。太極拳では粘勁を得る段階として覚勁、懂勁《とうけい》、神明のあることを教えている。盛平は「合気」を得るプロセスを次のように述

<table>
<tr><td>気</td><td>気体</td><td>気体</td><td>アストラル体</td></tr>
<tr><td>流</td><td>流体</td><td>⇩
液体</td><td rowspan="2">エーテル体</td></tr>
<tr><td>柔</td><td>柔体</td><td>（柔体）</td></tr>
<tr><td>剛</td><td>剛体</td><td>⇧
固体</td><td>肉体</td></tr>
</table>

「剛、柔、流」は三元で、これに気を加えるのが合気道の基本概念

べている。

「造化の三神に△法をとる。次に○、次に□をとる。気体と液体と柔体と固体とに分かれている。それを一つにして活動していって、精神科学によって、ものを現わしてゆくのである」

ここで盛平は「△法」と言っている。この「△法」は後に触れるように三角体の完成した状態が如何なるものであるのかを示している。つまり「△法」では合気道の基本概念である「剛、柔、流」がベースになっており、これに「気」が加わることになる。そしてここではアストラル体（気体）とエーテル体（液体）、そして肉体（固体）とエーテル体（柔体）の統合が示されている。つまり形の無い気体と形のある液体、そして固い固体と柔らかな柔体が「対照力」をもって統合されるということである。つまり気体と液体の統合は「▽」で、固体と柔体の統合は「△」と一つになるのが「△法」であり、この「▽」と「△」もまた「対照力」の関係にある。

ちなみに「造化三神」とは天の御中主の神、高御産巣日《たかみむすひ》の神、神産巣日《かみむすひ》の神であるが、これは太極拳の双魚図と同じである。こうしたイメージを盛平も霊視していたのであろう。つまり天の御中主の神は双魚図の中心であり、高御産巣日の神、神産巣日の神は陰陽の二匹の魚となる。この魚が共に追い合っているのが相対立するものの「むすび」を表している。この二匹の魚が高御産巣日の神、神産巣日の神の二神となる。つまり「造化の三神に△法をとる」とは、相対立するものの「むすび」が働いているということにほかならない。

相対立するもの「それを一つにして活動」していくことこそが合気を得る（△法の完成）ことなのである。そしてこうした「合気」の「むすび」は武術においては「粘」の働きとして現れることになる。また、これは合気道では「対照力」「呼吸力」として展開されてもいる。

十二、自己完成と合気道の完成

山王神道の図14に示されているのは、フリーメーソンふうにいうなら「神殿の建設」である。これは自分自身を「神殿」とするのであり「自己完成」ということができよう。盛平はこれを「八尋殿《やひろどの》」の建設であるとして、次のように述べている。

「（八尋殿とは）一つの清浄である。その上に綺麗に澄んだ気体の美しく揃った営みの有様で、自分

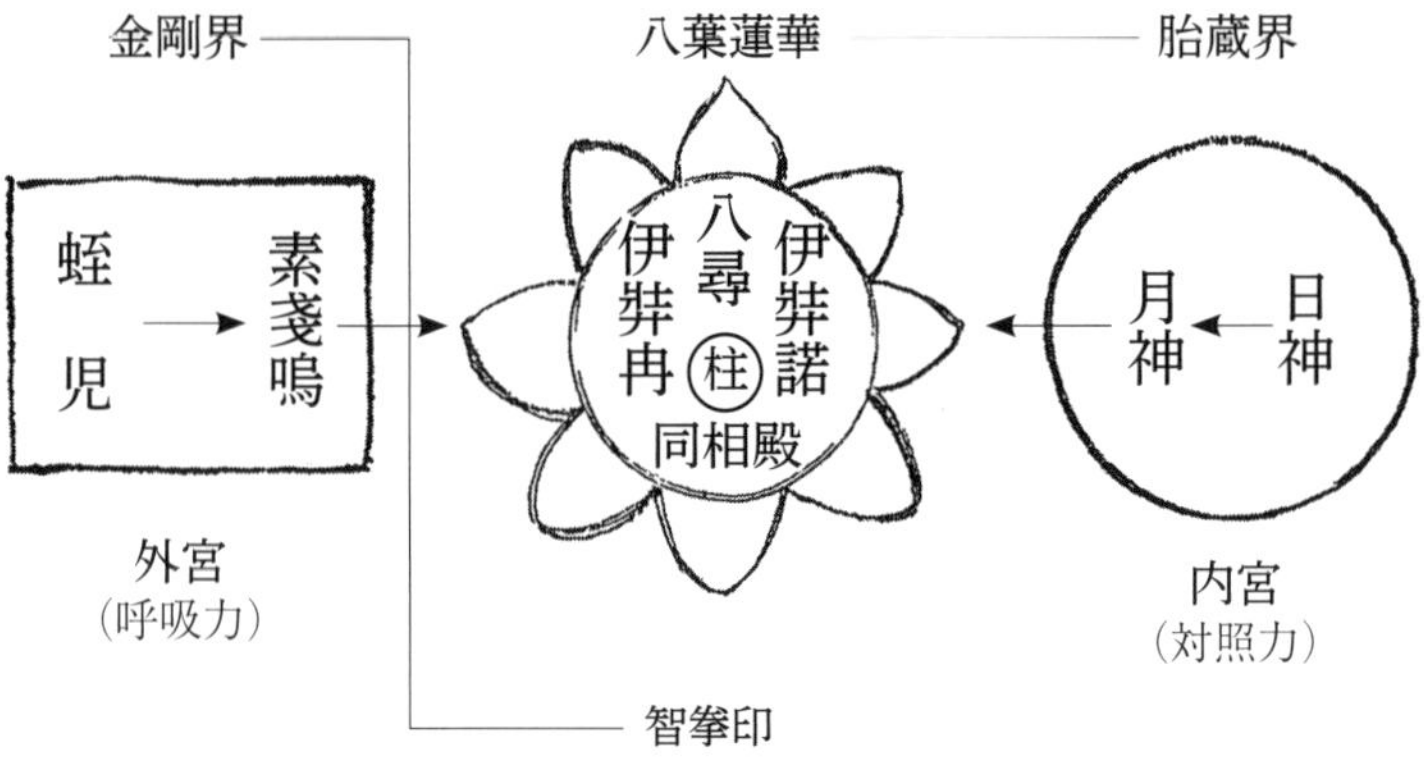

【図14】

の心を綺麗に澄ませ、ますます美しくなって、六根を清浄にする」

また盛平は各人がそれぞれに「生宮《いきみや》」となることが大切と教える。「神」なるものもこの「生宮」を通して現れるという。ここでいう「神」とは自身のアストラル体のことである。また「六根」は「眼、耳、鼻、舌、身、意」であるが、これらはいうならば情報を得るための「感覚器官」としてよかろう。これが浄化されることで、正しい認識が得られることになる。つまり「神」であるアストラル体からの情報、アカシック・レコードからの情報を正しく得るには、霊的な「感覚」だけではなく、こうした肉体の器官から得られる情報も欠くことはできないのである。また盛平は、こうした「情報」はすべて肉体を通して実現されなければならないと教えていた。そのひとつに合気道の技としての展開があり、それは最終的には日常生活にまで及ぶことになる。こうした「生宮」を実現させることが合気道の完成ということにもなる。

図14は八尋殿を中心とした秘図であるが、『古事記』では伊弉諾の神、伊邪那美の神の住む広大な家のことを八尋殿としている。そしてここから神々島々が生み出されていく。図14には「伊弉諾《いざなぎ》、伊弉冉《いざなみ》」とあり「同じく相殿《あいどの》す（共に同居している）」と記されているのもこうしたことが背景としてあるためである。また同図で特徴的なのはここに「柱」が記されていることであろう。これに関して『日本書紀』には、

「八尋の殿を化作《みた》つ。また天《あめ》の柱《みはしら》を化竪《みた》つ」

といった一文を見ることができる。ここで大切なことは「八尋の殿」と等しく重要なものとして「天の柱」が立てられたとあることであろう。そうであるから図14では「八尋の殿」とともに特に「柱」が図をもって示されている。まず確認しなければならないのは、ここに示されていることのひとつに金剛界曼荼羅と胎蔵界曼荼羅が合一した姿のあることであり、それが「八尋」として示されているということである。つまり「八尋」の○の八つの△は八葉蓮華を表すものであって、この中心にいるのは胎蔵界の大日如来となる。一方「柱」は智拳印を表している。智拳印を結んでいるのは金剛界の大日如来である。そうであるからここに八葉蓮華（胎蔵界）と智拳印（金剛界）の合一を見ることができることになる。さらに「日神、月神」の○は既に述べたように同心円状に拡大、収斂する胎蔵界のエネルギーの流れを象徴するものであるし、「素戔烏《すさのお》、蛭児《ひるこ》」の□は螺旋

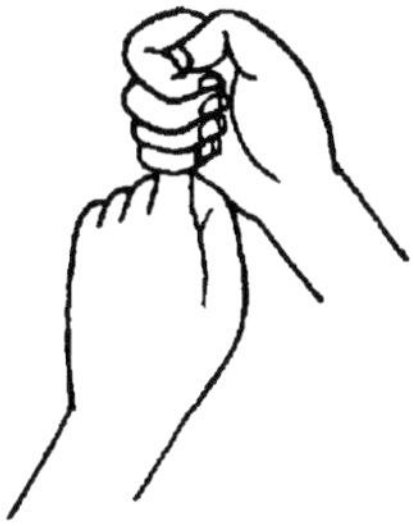

【図15】智拳印

状に境地の変化を示す金剛界を表している。

つまり両部神道のところであったが如くの伊勢の内宮、外宮として配される胎蔵界、金剛界の合一は、八尋殿においても見ることができるのであり、これは太古よりそうしたことが日本で神話として伝えられてきたことを明かしていることになる。智拳印は左手の人差し指を立てて右手で包むが（図15）、この立てられた指が「天の柱」であり、伊勢の心御柱と同じシンボルと霊視されていた。金剛界、胎蔵界の合一はインドから中国を経てもたらされたのであるが、その最も古い形は八尋殿に見られ、次いで伊勢の神宮にもそれを認めることができる。こう霊視したのが中世神道家たちであった。

胎蔵界を表す○で象徴されるのは「日神、月神」であるが、これらの神々は「天の柱」から天上（高天原）へと送られる。これは「天の柱」が○で表されていることとも関係している。つまり「天の柱」はエーテル体からアストラル体の次元へと通じるものであることを○で示しているのである。ここにおいて「日神」「月神」で強調されているのは、

「光華明彩《ひかりうるは》しく」（日神）

「光彩《ひかりうるは》しき」（月神）

である。読みは同じであるが「日神」には「華」「明」が付されている。それは月神が「光彩しきこと、日に亜《つ》げり」とあるように、その「光」が月神より日神の方が強いことを示すためである。そして、

「日に配《なら》べて治《しら》すべし」

と日神とともに天上を統治させるべきと伊邪那岐の神は命じたとする。ここでは日と月が同じく

「光」を持つものであることが示されている。つまり日や月で表されているのはアストラル体の「光」なのである。そしてアストラル体の「光」にはふたつの種類があることが記されている。ひとつは日神として表されるもので、これは、

「六合《くに》の内に照り徹《とお》る」

とする。あらゆるところにその「光」は及ぶというのであり、これは大日如来と同じアストラル界の「光」といえよう。もうひとつ月神については「月読《つくよむ》の尊」と称すると『日本書紀』にある。月が「読む」のは何かというと、それはアストラル体（日神）のレベルから発せられる「衝動」である。これを智慧として読解するのがエーテル体（月）のレベルとなる。「日に亜げり」とあるのも、「月」が「日」の光（衝動）を受ける存在であることを教えている。ここで働いているのは「対照力」である。「対照力」と「合気」は同じ意味で、基本的には相手と同調してそれに応じる働きをいうが、それは相手のアストラル体の照らす「光」を自らが受けることでもある。アストラル体からの「光」は自分自身もそれを十全に受け止めることは難しい。「穢」があるからである。しかし「穢」を浄化すると攻撃をしてくる（つまり「穢」を持っている）相手以上に自分は浄化されているので、相手のアストラル体からの「光＝情報」を相手よりもこちらはより深く「読む」ことが可能になる。つまり相手の心身を深く把握することが可能となるわけである。

このようなアストラル体（界）からの情報をエーテル体（界）のレベルで知ることを「月読」という語は示している。この根本をなすのが「対照力」であり、それは天照大神の「照」す働きの真義で

もある。このように「対照力」は盛平が独自に考え出したものではなく日本神話の中に秘匿されていた概念であった。また「対照力」は「山彦の道」ということとも共通している。アストラル体からの「情報」を受けるのが「対照力」であるとすれば、それをエーテル体のレベルで読み、肉体のレベルで「技」として展開するこうした響きあうような間合いのことを「山彦」と表現している。

「天地人和楽の道の合気道大海原に生けるやまびこ

この山彦の道がわかれば合気は卒業であります。すべて道はあるところまで先達に導かれますが、それから後は自分で開いてゆくものなのです」

ここに「天地人」とある「天」は「日神、月神」と同じで、「人」は「八尋」そして「地」は「素戔烏、蛭児」とすることができる。これらをひとつにしたところに開けるのが「山彦の道」であり、それが分かれば合気道の修行は「卒業」するとまで盛平は言っている。また「山彦の道」を得たならばそれ以降の境地は教えを受けなくても「自分で開いてゆく」ことができるようになるともしている。これはアカシック・レコードを正しく読むことができるようになるからである。また同じく興味深い道歌に、

「日地月合気になりし橋の上大海原は山彦の道」

がある。ここに見られるのは「日（アストラル界）」「地（物質界）」「月（エーテル界）」の統合（合気、橋）であり、それを行う方法が「山彦の道」であるとする。そうであるなら「山彦の道」とは具体的にはどのようなことなのであろうか。それを知るには山王神道の教えを合わせて見なければならない。つ

まり「日」と「月」は対照力によって、「地」は呼吸によって統合されるのである。興味深いことに盛平はわざわざ「大海原」という言葉を入れている。この「大海原」には天照大神が「天＝海」を照らす神であるということが含まれている。その働きが対照力そのものであることは既に触れた。また次に述べるように蛭児は海に流されていて、ここにも「大海原」のイメージが色濃く反映されている。こうしたことからして盛平と山王神道の霊視者たちが同じアカシック・レコードを読んでいたことは確実であろう。また「橋」は盛平が合気を説明する時によく使う「天の浮橋」でもある。これは伊邪那岐の神、伊邪那美の神が天の浮橋に立って天の沼矛を下して海をかき回したことによるが、ここにおいては男女（の神）、上下（天と海）という対照力が表れている。しかしこの道歌を「天の浮橋」だけで解こうとすると「月」の意味が分からなくなってしまう。また「天の浮橋」にはかき回すという螺旋の動きもあるので、これもやはり山王神道の□（金剛界）で見られるような螺旋の働きがあることになる。この道歌は「天の浮橋」をも含めた対照力のことを述べたものとするのが適当であろう。

金剛界を表す□には「素戔烏、蛭児」と記されている。『古語類要集』ではこれについて『日本書紀』の「一書」を引いている。

「次に鳥の磐櫲樟《いはくす》船を生む。すなはちこの船を以て蛭児を載せて、流《みづ》に放ち棄《す》つ」

また『日本書紀』の「本文」には、

「次に蛭児を生む。すでに三歳になるまで、脚《あし》なほ立たず。故、天磐櫲樟船《あまのいはくすぶね》に載せて、風の順《まにま》に放ち棄つ。次に素戔嗚尊を生みまつります」

とある。須佐之男の命（素戔嗚尊）は風の神である。風が吹くことで天磐橡樟船が流されたが、そうした風の働きが生じたことにより風の神である須佐之男の命も生まれた。つまり風が船を運ぶという現象が起こることでその「働き」が認識され、そこに須佐之男の命が霊視されたわけである。こうした関係を見れば、□に「素戔烏、蛭児」とあることが理解される。ここでは「呼吸」の発生が示されている。また□において天磐橡樟船が風に吹かれて漂うのは金剛界のような螺旋の動きであったことが霊視されているものと思われる。

蛭児は「三歳になるまで、脚なほ立たず」とあるように、充分に成長しない子供であったので海に捨てられたと一般には解されている。しかし、足が立たない、歩けないということは古代においては必ずしも悪いこととは見なされていなかった。『古事記』には久延毘古《くえびこ》という神について、

「足は行かねども、ことごとに天の下の事を知れる神なり」

としている。歩くことはできないが、世の中のすべてのことを知っているというのである。久延毘古の「くえ」とは「崩れる」という意味で、十全な体ではない状態をいう。これは「蛭児」と同じであろう。足が立たない、歩けないとは肉体が柔らかすぎるということを意味している。柔らかすぎる肉体とは嬰児と同じで意識と肉体の統合がうまくいっていないからと考える。嬰児の場合はいまだ意識が充分に発達していないわけであるが、大人であっても酩酊状態になると足腰が立たなくなってしまう。これはアストラル体、エーテル体と肉体が分離してしまっているからである。そうであるから「蛭児」はアストラル体、エーテル体と肉体とが統合されて初めて完成された存在となることができるの

である。

このことは「蛭児」が「日る子」であるとされることでも示されている。天照大神の別名である大《おお》日孁貴《ひるめのむち》は大いなる「日る女」の貴い神という意味になる。「日の女」と「日の子」であるから蛭児は天照大神と等しく「日の働きを宿した神」ということになる。こうしたことからも蛭児には「磐橡樟船」に乗せられてエーテル体、アストラル体と肉体を統合することで「日の子」としての神格を完成させることが必要となるのである。

蛭児の入れられた「磐橡樟船」は「磐」のように堅固な樟でできた船ということであるが、ここに「磐」とする形容があるのは、これが「天の岩屋戸」と同じ秘儀であることを示すためにほかならない。つまり「磐橡樟船」は「天の岩屋戸」なのである。こうなると須佐之男の命が同じく□に入っているのも理解される。既に両部神道のところで触れたが、須佐之男の命は高天原に肉体レベルの働きを持ち込んだ神であるからである。□において「蛭児」と「素戔烏」がひとつに記されているのは、これによりアストラル体、エーテル体のふたつ（蛭児）と肉体（素戔烏）がそろって完全な心身が形成されるからである。そして、こうした心身の統一は肉体を土台として呼吸によってなされるものであることがここでは示されていることが分かろう。盛平は、

「己れの呼吸《いき》や自己の魂の動きによって、この世界の邪気を払わなくてはならない」

と教えている。「邪気を払う」とは正常な状態に戻すということである。つまりアストラル体、エーテル体、肉体の統合された状態になるということであり、それが「呼吸」によってなされるとしてい

る。そして自らの心身を整えることで世界をも正常な状態に戻すことができるという。

「八尋」で示されているのが金剛界（柱＝智拳印）と胎蔵界（八葉蓮華）の合一であることは既に述べたが、図14で「柱」は八葉蓮華の中心にはない。これは「柱」つまり伊邪那岐の神、伊邪那美の神の回った「天の柱」には実の柱と虚の柱のふたつがあったからであり、それはそのまま伊勢神宮の心御柱をも表しているのである。伊勢では遷宮前に社殿のあった古殿地の心御柱のところには覆屋が建てられている。これを図14では虚の心御柱としている（図には描かれていない）のであり、そのため実の心御柱として図で示されている「柱」が下に偏る形になっている。

また、神話によれば伊邪那岐の神、伊邪那美の神が天の柱を巡って州々《しまじま》を生む時に、始めは蛭児のような「不十分な子」が生まれる。その原因とされたのは女の神である伊邪那美の神が先に求婚の言葉を発したからとされる。それはともかく重要なことは初めに伊邪那岐の神は「右」から巡り、伊邪那美の神は「左」から巡った。そして蛭児などを得るのであるが、次には反対に伊邪那岐の神が「左」から伊邪那美の神は「右」から巡って多くの州を生むことができた。この行為は同じ天の柱を二度目には反対から改めて巡ったと解されるが、『日本書紀』の「本文」には、

「却更」

とする。これは「却《かへ》りて更に」と読まれている。これであればいったんもとの所に帰ってから再び天の柱を巡ったことになる。しかし日本古典文学大系の頭注には、「却更」を「さらに」と読むこともできるとしている。つまり続けて巡ったということである。そうなるとここにもうひとつの天の御

柱のあることを考えなければならなくなる。そこに見られるのは8字の形の動きであり、それは螺旋の動きでもあろう。こうなるとふたつの円を巡ることで虚実、陰陽が完成することを示していることになる。「八尋」において示されているのは螺旋の運動である。これを伊勢の遷宮と重ねると遷宮の二十年というある種、切りの悪い数字もこれが十年ごとに実の柱と虚の柱を伊邪那岐の神、伊邪那美

太極双魚図

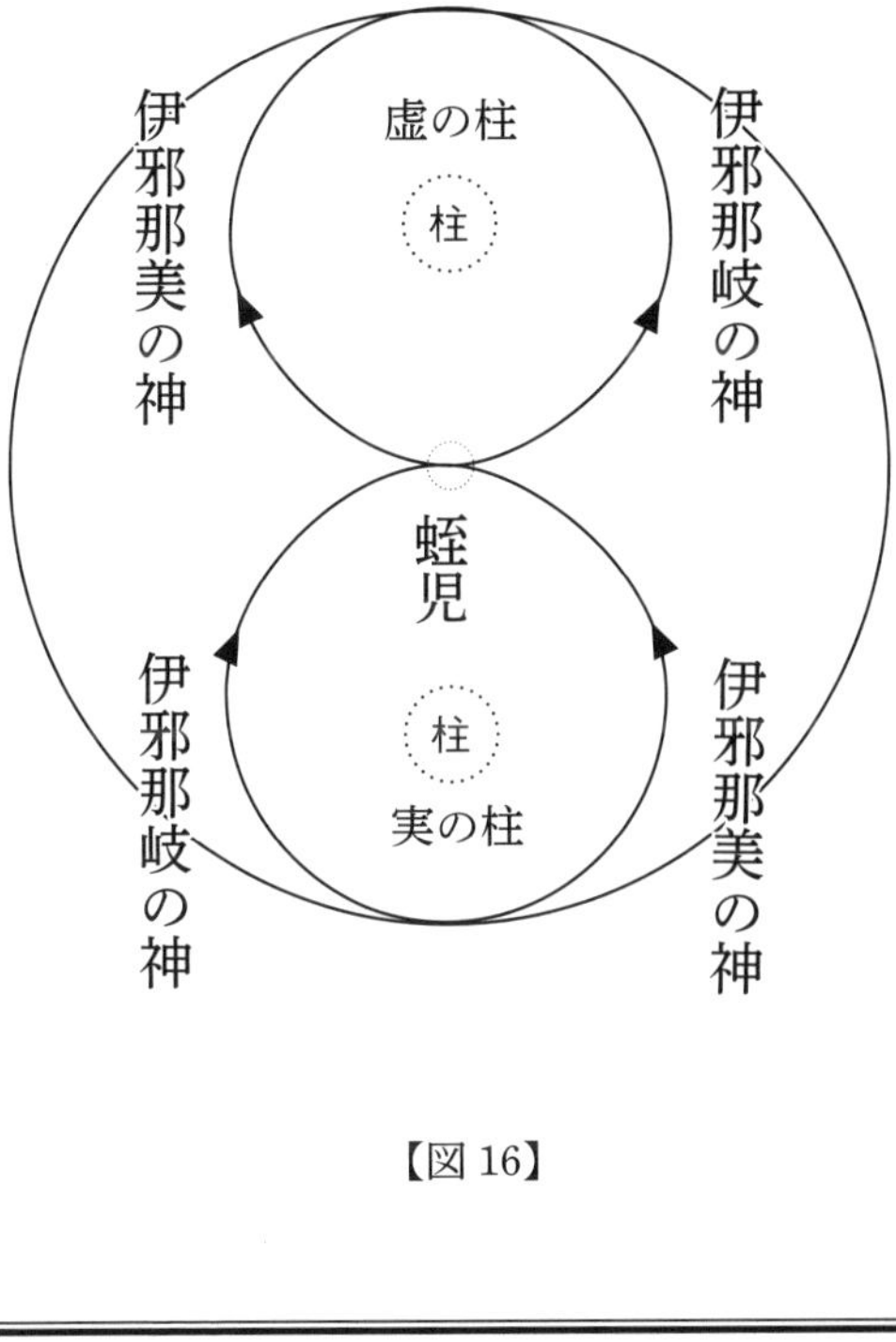

【図16】

の神が巡って天照大神を生むということに由来していたと考えるならば十年を一区切りとしたと解される（かつてはたとえば十四ならこれを「とお余りよつ」と読んで十を一つの区切りとしていた）。

盛平はこうした螺旋の動きを右に螺旋して舞い昇り、左に螺旋して舞い降りると霊視している。つまり左右ふたつの螺旋を行うことで上昇、下降の働きを共に体現することが可能となるとしているのである。「上昇」は肉体からアストラル体である○へと向かうものであり、「下降」はアストラル体から肉体である□へと向かう道を開くものとなる。

これについて盛平は、

「天の呼吸と地の呼吸とを合し、ひとつの息として産み出してゆくのを武産合気というのであります」

と述べている。ここでの「天の呼吸」はアストラル体のこと、「地の呼吸」は肉体となる。それらがエーテル体においてひとつになった時に生まれるのが呼吸力である。

もうひとつ「八尋」で見ておかなければならないのは、胎蔵界、金剛界と伊勢の内宮、外宮との関係である。密教にあっては胎蔵界であっても金剛界であってもその中心になるのは大日如来であるが、図14では八葉蓮華（胎蔵界）の中に柱（金剛界）が含まれる形になっている。つまり外宮は内宮に含まれると山王神道では霊視していたわけであり、すべては天照大神の働きとなるのである。つまりアストラル界とエーテル界、物質界の統合は天照大神によって象徴される対照力によってなされると考えていたわけである。また図14の「八尋」は図16に示したように太極拳の奥儀を現す太極双魚図と同じとなる。「太極」とは「対照」関係のことであり、太極拳においても対照力が使われていることをこれらは示している。そしてそれは、

「顕幽神三界の和合を守り、自分を浄くし、自分を作り日々修業している処に、大道の道に即してゆくのである」

とする盛平の教えそのものでもある。「顕」とは物質界（肉体）、「幽」はエーテル界（体）で、「神」はアストラル界（体）であることはいうまでもあるまい。

以上、山王神道で霊視されたアカシック・レコードの情報について『古語類要集』の秘図の解説を中心に見てきた。それは植芝盛平の霊視した世界ときわめて類似したものであった。また神仙道とも共通する部分が認められた。山王神道で用いられるのは止観という天台宗の瞑想法である。これは実質的には坐禅と同じで、特段のイメージ法を用いたりはしない。ひたすら瞑想をする。そうした中に自ずから浮かんでくるビジョンが「山王神道」としてまとめられていった。

山王神道の中でこうした情報が後の合気道のように武術として展開されていたかどうかは判然としない。しかし既に触れたように比叡山の僧兵はその強さをもって有名であった。あるいは合気につながるような武術を彼らは使っていたのかもしれない。それはともかく合気道の元になった大東流は伝説の始祖を新羅三郎《しんらさぶろう》に置く。新羅三郎は源義光のことで、新羅明神で元服をしたために新羅三郎と称されていた。新羅明神は天台宗寺門派の祖である円珍（八一四―八九一）がもたらした神で園城寺の鎮守神とされる。つまり大東流も山王神道と深い関係のあるフィールドに淵源を持っていたのである。

そうであるから、ある意味で合気道も山王神道の「フィールド」の中にあるわけで、こうしたことも盛平の霊視が山王神道の奥伝と共通する原因となっているのかもしれない。

第三章◉最奥儀としての「魂の比礼振り」——十種の神宝

一、合気道と十種の神宝

十種《とくさ》の神宝《かんだから》は瀛都鏡《おきつかがみ》、辺都鏡《へつかがみ》、八握剣《やつかのつるぎ》、生玉《いくたま》、死反玉《まかるかえしたま》、足玉《たるたま》、道反玉《ちがえしのたま》、蛇比礼《へびのひれ》、蜂比礼《はちのひれ》、品々《くさ》物比礼《もののひれ》で、これは九世紀の終わりころには成立していたと考えらえる『先代旧事本紀』に出ている。同書は特に物部氏、尾張氏、それに国造に関する史料など貴重な情報を載せているが、十種の神宝もそのひとつである。ただ『先代旧事本紀』には十種の神宝はその名称のみが記されていて、肝心な図は載せられていない。十種の神宝の秘図は両部神道でも山王神道でも伝えられており、だいたいにおいて共通している。今回、参考にしているのは鎌倉時代には成立していたとされる天理図書館蔵の『古語類要集』である。同書に載せる秘図は十種の神宝の奥儀をよく表している貴重なものといえる。

現在、十種の神宝について言及されることはよくあるが、その奥儀に触れる記述を見ることは寡聞にして知らない。十種の神宝とは人のエネルギーの働きを霊視したものであり、これは両部、山王神道からいえば「麗気」の働きを霊視したということができる。古代において魂の働きには和魂《にぎたま》と荒《あら》魂《たま》、あるいは幸魂《さきたま》と奇魂《くしたま》があると考えられていた。和魂と荒魂はおそらくは大和系、そして幸魂と奇魂は出雲系と思われるが、普通に生活している時に働くのは和魂であり、幸魂であった。温帯に属する日本は比較的気候条件もよく、なにもなければ平穏で恵みの多い生活を送ることができる。これが和魂、幸魂の働いている状態である。しかし、災害などの問題も発生しないわけではない。自然や人的な問題が発生した時には荒魂や奇魂を発動させて問題の解決をはからなければならない。荒魂は問題のある状態をいったん破壊して新たな秩序を打ち立てようとする働きである。戦争もそうであるし、ある種の祭りなども荒魂を働かせて、その地域に新たな秩序をもたらす契機とした。

つまり荒魂や奇魂は秩序を解体へと向かわせる働きが霊視されたものであり、和魂や幸魂は秩序を構築する働きを霊視しているということもできよう。これは合気道的にいうならば、

荒魂、奇魂＝斥力
和魂、幸魂＝引力

ということになる。ここで十種の神宝や合気道を考える場合に重要なことは、これらが転換をするということである。荒魂は和魂へと転換され、また和魂も荒魂へと転換される。これはもちろん奇魂と幸魂においても変わりはしない。転換は太極拳の根本思想である「太極」の最も重要な考え方となっている。太極拳では、陰陽の転換を表すために陰を表す魚と、陽を表す魚が共に追い合う形となる。こうした陰陽の転換は自然界に見られるものであり、それを武術として展開したのが太極拳とされている。

つまり合気道も太極拳も十種の神宝も、すべて魂の働きを霊視して、あらゆるものが「太極」の関係にあり、それらは常に転換するということを基盤としているのである。ちなみに、「太極」と同じ

考え方を盛平は「対照力」と言っていた。荒魂と和魂の転換については『日本書紀』の神功皇后が朝鮮半島へ攻めていくところに興味深い記載がある（神功皇后摂政前紀）。神功皇后は戦いに出る前に次のようなことをおこなっている。

「すなわち荒魂ををぎたまひて、軍《いくさ》の先鋒《さき》とし」

最初に荒魂を呼び招いて、軍隊の先導としたというのである。軍隊を先導するものとしての荒魂は、しかし戦いの意気を鼓舞するものではなかった。その証拠に新羅の王は戦うことなく降伏してしまう。新羅の王はこう言ったとされる。

「あに兵《いくさ》を挙げて距《ふせ》くべけんや」

どうして戦いをして彼らを止めることができるであろうか、そう言って自分で白旗を出して降伏したとされている。

「すなはち素旗《しろはた》あげて自ら服《まつろ》ひぬ」

このように一見して戦いに導く働きのあるように見える荒魂は、実は争いから和平への転換を生むものであった。他にも『古事記』や『日本書紀』にはいくつもの戦いの場面があるが、そこに見られるのは相手をだましてでも争いを避けようとする行動原則である。これは現在の我々の倫理観からすると相手をだますのであるから、正義を欠くもののように思われるが、これはいうならば戦い（荒魂）は和平（和魂）へと転換するという自然の理によるものであって、当然のことに正しい道と考えられていたのである。

奇魂も同じく新たな秩序へと導く働きを持っている。『日本書紀』には少名彦《すくなびこな》の命が去った後に大国主の命は、自分一人でこの国を治めていけるか不安を感じて、

「吾《われ》と共に天下を理《おさ》むべき者、けだし有りや」

と言ったとされている。つまり自分とともに天下を治めてくれる者がいるか、と考えたわけである。この時に、「神《あや》しき光、海に照らして」やってくるものがあった。これを見た大国主の命は「しからば汝はこれ誰ぞ」と問いかける。そうすると海を照らしてやってきたものは、

「吾は汝が幸魂、奇魂なり」

と答えるのであった。天下を治める上で重要なのは人々に豊穣な生活を約束することであるが、それは幸魂の働きとされている。しかし、人口が増えたり気候が変わるなど環境が変化すれば、今までの生活は続けられなくなる。そこで新たなものを切り開く奇魂の働きが望まれることになる。ここで「自分は幸魂であり、奇魂でもある」と告げているのは、これらは本質的にはひとつの「魂」であるために容易に転換し得るからにほかならない。

また「神《あや》しき光、海に照らして」とあるのはひじょうに興味深いことで、既に触れたように天照大神の「天《あま》」も実は「海《あま》」であるとする説がある。つまり天照大神は「海」を照らす神ということになり、これは幸魂や奇魂と同じことになる。つまりこれは荒魂と和魂、または幸魂と奇魂がひとつになって威力ある「魂」となれば、等しく「光」の感覚をもって霊視されるということでもある。これはまた麗しい気である麗気のひとつの姿として捉えることができよう（第一章第九節参照）。

盛平が合気道を開いたのは「黄金体化の体験」があったからという。それは大本の施設のある綾部にいたころの体験で、天地から黄金の息吹が出てきて、自らも黄金の体と化したという神秘体験であった。この「光」の霊視体験も麗気を見たものと解してよかろう。盛平は合気道を「魂の比礼振《ひれぶ》り」としていた。つまり十種の神宝にある「比礼」の働きそのものが合気道であるとするわけである。盛平は何らかのルートで十種の神宝の奥儀の伝授を受けたのであろうか。おそらくはそうであろう。麗気を霊視したことで盛平の大東流は、大きく違った道を歩むようになったのであり、それは大東流の霊的な根源へとさかのぼるものであった。

十種の神宝の奥儀を知るには、その組み合わせの伝授を受けなければならない。それは「瀛都鏡、辺都鏡」「生玉、死反玉」「足玉、道反玉」「蛇比礼、蜂比礼」の組み合わせとなる（「八握剣」「品々物比礼」はそれ自体に転換の要素を含んでいる）。そこにあるのは「対照力」である。これが合気道の「合気」として感得されたものであった。

二、瀛都鏡、辺都鏡と合気

十種の神宝において「鏡」の働きとして示されているものにはふたつがある。「瀛都鏡」は遠くにある鏡、「辺都鏡」は近くにある鏡という意であるが、これらふたつの鏡の力の形は図1に示されている。それによれば「瀛都鏡」は外へ向かう力を示し、「辺都鏡」では内へ向かう力が示されている。

また、辺都鏡は瀛都鏡の上部であることに注意しなければならない。瀛都鏡の上部にある「辺都鏡」では辺都鏡の図で四角を作っている縦のふたつの線と中心の丸が消えている（図1-c）。これは体の中心に麗気が鎮まっている状態を示している辺都鏡に対して、瀛都鏡では気が囲われることなく外に向かっている様子を示している。つまり瀛都鏡では「斥力」、辺都鏡では「引力」を霊視していることが分かる。

こうした状態を太極拳では、

「神は内に収斂して、気は外へと鼓舞される（気はよろしく鼓蕩《ことう》すべく、神はもって内斂《ないれん》すべし）」

とする。「神」という精神的なエネルギーは内へと向かい（引力）、気という肉体的なエネルギーは外へと向かう（斥力）というのである。「神」が内へと向かうことで相手の動きを知ることができる。これを「聴勁」という。そして相手の心身の動きを十分に補足したうえで力を発するのが「発勁」となる。これらは合気道でいう「対照力」である。「対照力」は太極の力ということもできる。自分と相手といった相対するところに生まれる力（引力、斥力）のことである。


また、こうした状態は鎮魂の奥儀を教えるものでもある。「鎮魂」という語には日本では「たまふり」と「たましずめ」の二通りの読み方がある。十種の神宝で「たまふり」を示しているのが瀛都鏡であり、辺都鏡は「たましずめ」を示している。こうして見ると鎮魂においても「対照力」が使われていることが分かる。このように十種の神宝として示されている教えは日本における秘教的な心身観の最

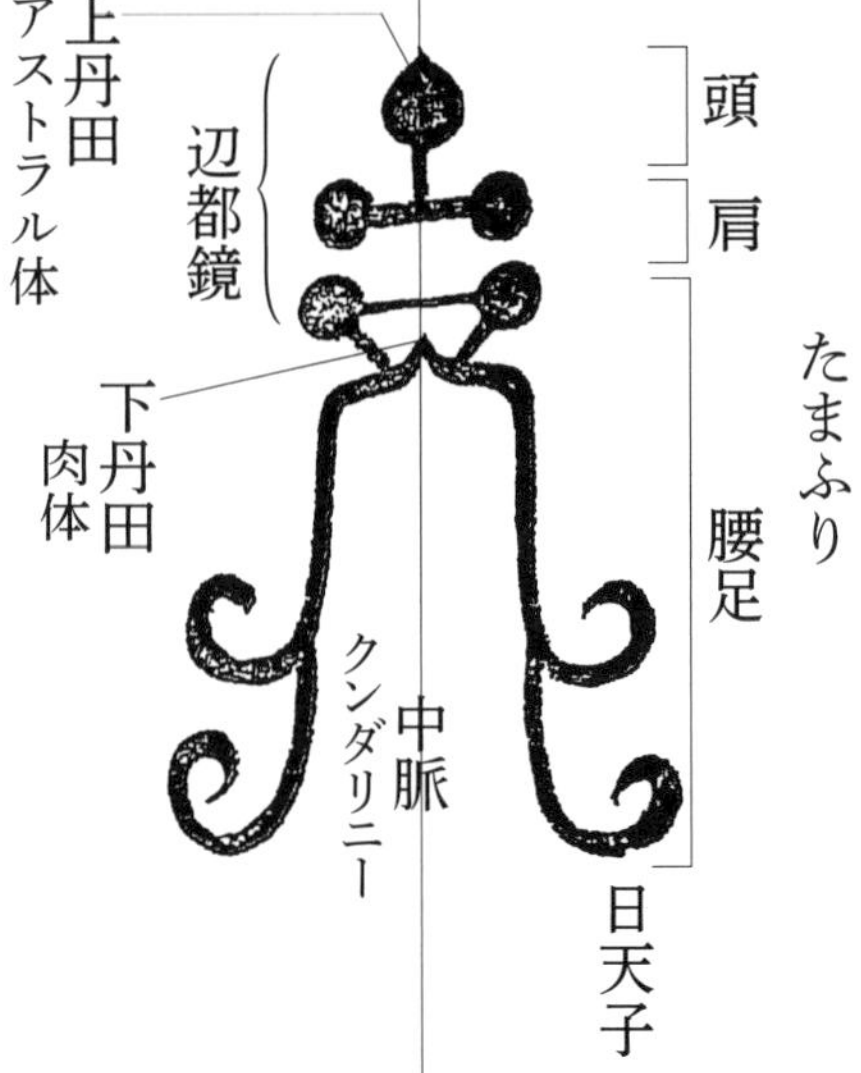

【図 1-a】瀛都鏡

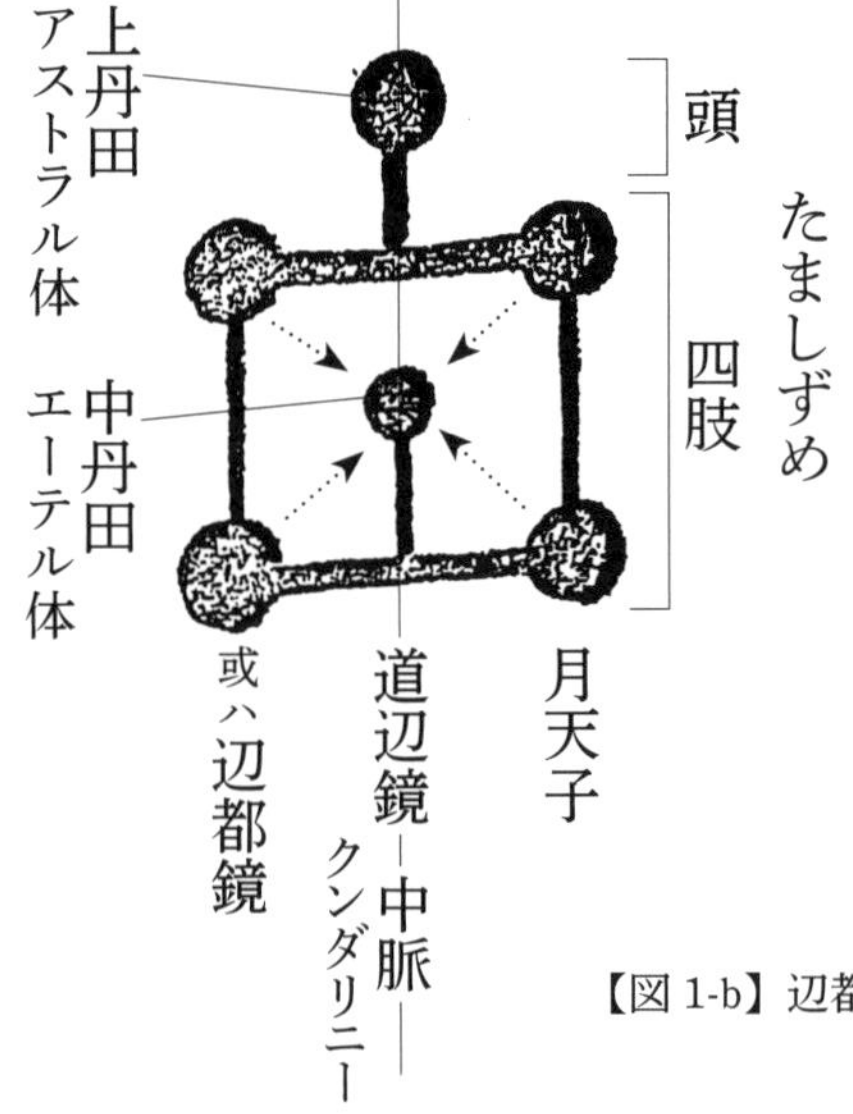

【図 1-b】辺都鏡

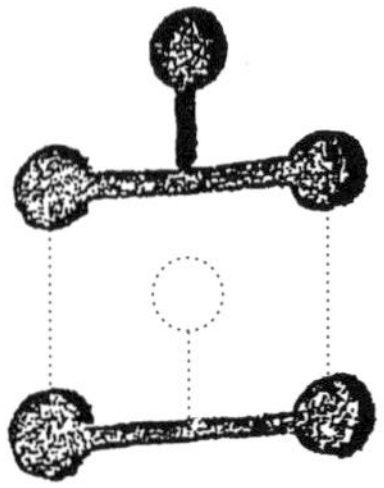

【図 1-c】

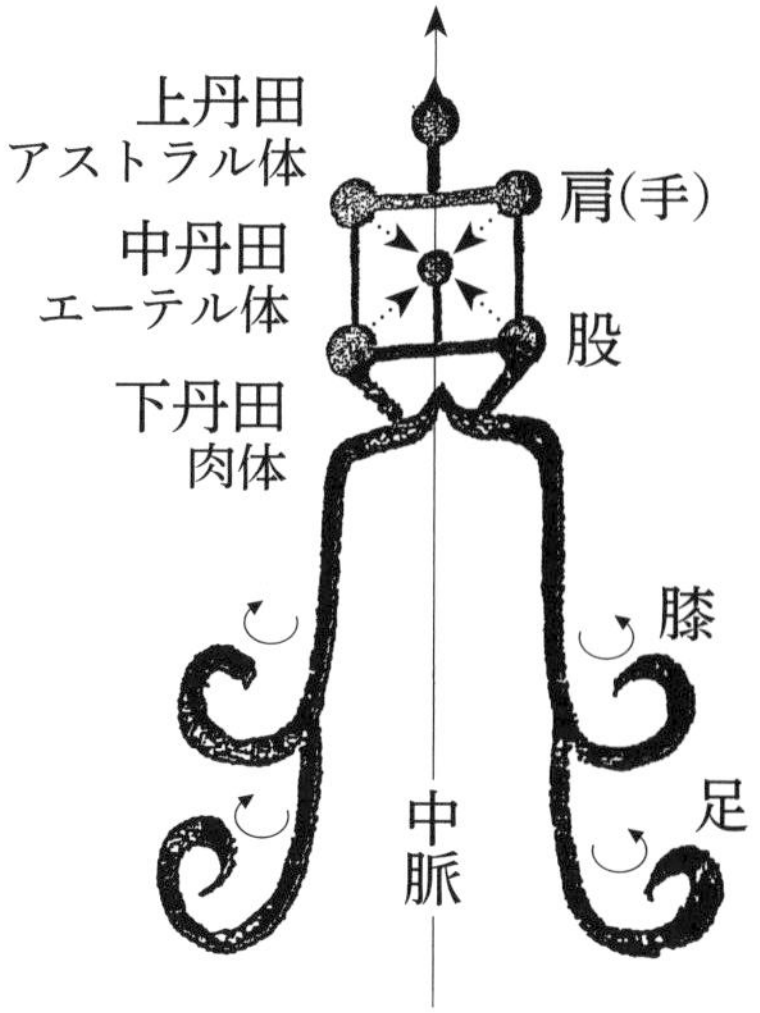

【図2】

【図3】『陳氏太極拳図説』の纏絲勁

奥儀を伝えるものとなっている。

ここで重要なことは、対照力が瀛都鏡において統一されていることにある。図1では丁寧に辺都鏡のところに「月天子」とあり、また瀛都鏡の下の方には「日天子」と記しているが、これは瀛都鏡が主となることを示している。月はあくまで日に照らされて光を放つ存在であるし、神話においても天照大神は中心的な存在であるが、月読《つくよみ》の命はそれほどの活躍はしていない。太極拳でも最後には「斥力」である「気の鼓騰」が達成されると教えており、鎮魂においても「たまふり」となることで生命力が活性化すると考えられていた。これは盛平が「合気道はおおいなる健康法である」としていることとからも、合気道では最終的に「たまふり」の境地が目指されていることが分かる。

伝統的に日本では「おき（遠く）」にある方を「へ（近く）」にある方よりも神聖なものと考える傾向がある。宗像大社でも沖津宮は沖ノ島にあって、神職以外がここに立ち入ることはできない。そして中津宮は筑前大島、辺津宮は宗像市にある。江島神社でも奥津宮、中津宮、辺津宮に分かれている。現在は参拝に便利な辺津宮が中心となっているが、かつては岩屋（洞窟）祭祀と関係を持っていた奥津宮が本宮であった。多くの人々が参拝に訪れるようになると、神社の中心もしだいに便利に参拝できるところへと移動していく。

瀛都鏡はその形を見ても分かるように立っている状態を示している。注目すべきは頭部の上丹田と下丹田が同一線上にあって上への勢いが示されていることである。これは体の中心に上昇するエネルギーのあることを表している。このルートは神仙道でいえば「中脈」であり、ヨーガではクンダリニーのルートとなる。こうした「中脈」を上昇するエネルギーの流れを太極拳では「虚霊頂勁」という。太極拳では「中脈」が開いて始めて四肢に勁《ちから》が及ぶと教えている。

辺都鏡の中心は中丹田である。四つの丸は四肢を示している。上の丸は頭部・上丹田で、ここでも上丹田と中丹田が一直線上にあることに注意しなければならない。十種の神宝の図は実に正確なのである。

瀛都鏡と辺都鏡を組み合わせると**図2**となる。こうして見ると上丹田、中丹田、下丹田の並びがよく分かる。ここで見るべきは膝と足のふたつにエネルギーの躍動が示されていることであろう。合気道で三段（あるいは初段）の修行がなければ袴をつけることを許されないのは、初心者の膝の動きを指導者がよく見ることができるようにするためともいわれている。膝の動きは転身を行う時にはひじょうに重要となる。八卦拳でも、本来は歩法において膝を中心にした変化を会得させようとする足を高くあげる修行体系が組まれていたが、広く伝わるようになってそうしたものが伝えられなくなった。これは太極拳も同様である。太極拳でも歩法においては同様の膝の使い方が重視されていた。

合気道では「膝行」という鍛錬法がある。これは膝（や股）を鍛錬するものであり、近世以降の武術では正坐が膝の鍛錬法として広く取り入れられた。剣術でも正坐からの抜刀で膝を鍛錬したし、柔術でも坐技が練習された。盛平は時に独楽《こま》のように動く膝行を見せていたが、それは足腰をも含めた膝の鍛錬が高いレベルに達していたことを示している（膝、股、腰は区別されることなく「腰」の鍛錬、「腰」の使い方などといわれるが、実質は腰だけに限定されるものではなく、膝、股を含んだものである）。

要するに「鏡」で示されているのは中脈を開くことと、膝を適切に使うことで内的なエネルギー（麗気）を「引力」「斥力」として使うことができるという教えであった。従来の十種の神宝の解説がだいたいにおいて神宝の意味を個々に解こうとしたために、こうした「実用」的な解釈ができなかった。しかし、瀛都鏡、辺都鏡でもそうであるが、正しい秘図には実に正確な位置で麗気の運用の教えが記されている。またそうでなければ秘図の意味を解くことができないのであるから当然といえば当然でもあろう。十種の神宝はいろいろな「図」が広く流布している。しかし、それを正しく解説することができていないのは「図」のみでその奥儀を知ることができるような正しい「図」を得ていないからにほかならない。また、こうした秘図はそれを見ていると次第に心身のエネルギーもこのように整い始めることが実感できる。

ここに述べた「鏡」における「中脈」の存在は天の常立の神、国の常立の神のように「常立」を霊視しているものでもある。常に垂直に立っている存在である「常立」は神の依りくるところであり、それは「神」そのものを表すものでもあった。「神」が依りくるとはアストラル体が開くということである。図2に示したように上の●はアストラル体、中の●はエーテル体、そして左右に分かれた中央にある▲は肉体を表している。（これらを貫く中脈は虚のラインであるために原図では示されていないが、本書では理解の助けとして書き加えた）。

もうひとつ、図2に見ることのできる奥儀は上丹田が宝珠形をしているところで、これは下丹田▲と中丹田●が上丹田において統合されている（◬＝●）ことを示している。これはここでは特に、「鏡」の働きを協調するためにアストラル体での統合を示唆しているわけである。一般的に全身の統合は中丹田においてなされるとされるが、実際は特定のセンターにおいてのみ統合がなされるわけでは無く全身において統合は生じている。それが中丹田で通常いわれるのはただ便宜上のことであるに過ぎない。「鏡」の知覚はアストラル体の衝動によるものであり、それに応じてエーテル体、肉体は自然に動くようにならなければならない。それにはアストラル体、エーテル体、肉体の浄化（禊）を欠くことはできないのである。

太極拳の聴勁の最高レベルに凌空勁がある。これは直接相手に触れなくても相手の様子が分かるという能力である。太極拳では相手が動こうとしたなら、それより先に動くことを理想とする。これは凌空勁のレベルでできることであり、それには相手のアストラル体の動きを自分のアストラル体で感じ取ることができなければならない。相手に触れることで相手の動きを知るのは肉体からエーテル体のレベルで、これは太極拳では覚勁、懂勁などと称される。それを越えるのが凌空勁となる。一般に大東流の合気は基本的には肉体やエーテル体のレベルでなされるが、合気道の合気はアストラル体のレベルで行われる。このため大東流は技術として理解しやすい。一方、合気道は「宇宙と一体となる」であるとか「和合の道である」といったニュアンスとしてしかそれを表現することができない。アストラル体のレベルにはこうした分かり難さがあるので、凌空勁についてもアストラル体のレベルの感覚としてとらえるのではなく、触れないで相手を倒すなど肉体のレベルで捉えられることがある。つまり「触れないで相手を倒すこと」などといった妄説が生まれるのはアストラル体のレベルと肉体のレベルの混同による誤解ということになる。

このように瀛都鏡と辺都鏡で示されているのは合気の奥儀であると理解することができる。いうならば「合気」は「鏡」の働きそのものなのである。これを合気道では「山彦の道」と称するのであるが、これについては一言主《ひとことぬし》の神と雄略天皇とが出会う場面で重要なエピソードが残されている。

雄略が葛城山に登った時に、一言主の神の一行に出会う。その様子は『古事記』によれば、

「すでに天皇の鹵簿《みゆきのつら》に等しく、またその装束《ひそい》の状《さま》また人衆《ひとのかず》相似て傾《かたよ》らざりき」

とあるように、まったく行列（鹵簿）も衣服も、天皇の一行と同じようであったというのである。

これに怒った天皇は矢をつがえて攻撃させようとする。そうすると一言主の神の一行も同時に矢をつがえて同じ体勢をとったのであった。このあたりのことは次のように描写されている。

「ここに天皇大《いた》く忿《いか》りて矢刺《やざ》したまひ、百官の人等ことごとに矢刺しき。ここにその人等もまた皆矢刺しき」

これは弓矢を構える行為が一言主の神と雄略の側で同時に行われたと読まれるべきである。つまり雄略の側が戦闘態勢に入ったのを見て、一言主の神の側も戦闘態勢に入ったのではない。それが同時であるから雄略の側は矢を射ることができなかった。こうした機先を制する間合いは、まさに「鏡」そのものであり、合気道の奥儀である「山彦の道」に通じるものであることはいうまでもない。最後に雄略は、

「恐《かしこ》し、我が大神」

と言って太刀や弓矢などを一言主の神へ献上する。「恐れ多いことです。我が大いなる神様よ」と雄略は言って戦わずして降伏したのであった。合気の働き、「鏡」の働きとはこのように戦って相手に勝つのではなく、戦いの間合いを制することで戦いそのものを成立させなくすることを重視している。盛平が「山彦の道」を感得した興味深い霊視体験が『武産合気』にある。

「夜一時二時頃、庭に降り立ち、剣をもって立った。ところが不思議に、一人の幽体（実はもう一人の自分）白いものがパッと現れた。白いものも剣をもって私に向い立つ。

そして剣の修業がはじまったのです」

自分の霊体と対峙する。これが「鏡」の修行である。この修行は次のようであった。

「ターッと打ってゆこうとすると、その瞬間にパッと相手が入ってくる。相手の剣が自分の腹に胸先にパッと入ってくる。少しも油断はできない」

武術では相手の体の動きを見て対応をするのが普通である。よく肩の動きを見れば動きの起こりが分かるなどという。これは肉体のレベルでの反応を見ることになる。他には相手の雰囲気を感じて動くこともある。これはエーテル体のレベルである。張り詰めたような雰囲気があれば攻撃を仕掛けてくると推測できよう。ここに記されている盛平の動きはエーテル体のレベルでの反応であるから通常の攻防であれば十分に対応できる。しかし、自己の霊体を相手にしているのはアストラル体の次元である。その次元の攻防で肉体やエーテル体のレベルで反応していたのでは間に合わない。

「はじめは私の動作はおそかったが、修業しているうちに、幽体の相手が入ってくる瞬間に、相手の木剣を下へ切り落した。すると白い相手は消えてしまった。相手は消えてしまった」

重要なことは最後に「相手は消えてしまった」とあることである。これは自分に戦う意識がなくなったためといえる。相手が戦おうと思っていても、それに同調することがなければ、相手はそうした意識を持ち続けることはできない。こうなると攻防の間合いを保つことができなくなる。戦う気持ちが萎えてしまうのである。

「なお三日間ぐらい続行しているうちに、相手をぐっとにらむと剣が消えてしまった。その時自分を眺めると姿がない。ただ霊身だろうと思うが一つの光の姿がある。あたりは光の雲でいっぱいである。といって自分の意識はあるのです。木剣を持っている気持もある、が木剣はない。ただ一つの呼吸のみがあるのです」

相手の剣が消え、自分の剣も消えている。これは戦う意識の喪失の深化を示している。そしてすべてが「光」「光の雲」で包まれる。この「光」や「光の雲」は「麗気」といってもよいであろう。盛平は最後に「麗気」を感得して「合気」「山彦の道」を会得したのであった。ちなみに現在、山彦は発した声が反射して聞こえるとされているが、この理解では「山彦の道」は分からない。盛平がイメージしているのは古代に通じる「木霊《こだま》」としての「山彦」によるもので、これは山の木々の精霊が発する声と考えなければならない。つまり、こちらが声を発すると同時に山の精霊も同じことをして返してくる。盛平のいう「山彦」はこうしたものであった。

もうひとつ図1-aの瀛都鏡には興味深い教えが秘められている。それは膝と足の部分に渦巻のような形が示されている点である。これは蕨《わらび》のようにも見える。こうした文様は装飾古墳にも顕著に見られ、珍塚古墳、珍花古墳、日ノ岡古墳、王塚古墳などがよく知られている。この蕨のデザインは近世の琳派にも多用されて生命力の象徴とされていたようである。『万葉集』にも有名な志貴皇子の歌に、

「石走《いはばし》る垂水《たるみ》の上の早蕨《さわらび》の萌え出づる春になりにけるかも」

とあり、ここでは「早蕨」が生命力の象徴となっている。歌の意味は「岩を流れる滝の上に早蕨が生えている。春になったことだなあ」で、早蕨によって春の持つ生命力とそれを言祝ぐ気持ちがよく表されている。これと同様に、瀛都鏡の図は上昇する中脈の流れが整えられたことで本来あるべき生

命力が下降する勢いとして発せられていることを表している。これを先には外へと向かう力である「斥力」としたが、この「斥力」に巻いている動きが見られるのは、それが螺旋の動きで転換されて「引力」となる可能性を含んでいるためである。こうしたことを霊視していることが瀛都鏡の図から読み取れる。瀛都鏡で膝や足の部位でそうした動きが強調されているのは「入身転換」の重要性を説くためにほかならない（これ同じ足腰に螺旋の力の流れのあることは、『陳氏太極拳図説』でも見ることができる〈図3〉）。「合気」は入身転換の歩法を使うことで肉体のレベルで「技」として展開することができるようになる。このことを図1では教えている。

三、八握剣と転換

『古語類要集』では八握剣としての説明をしていない。その代わりに草薙剣と十握剣《とつかのつるぎ》の解説がある。八握剣は『日本書紀』の景行四年のところに見ることができる。そこでは賢木《さかき》の上枝に八握剣、中枝に八咫鏡《やたのかがみ》、下枝には八尺瓊《やさかに》を掛けていたことが記されている。八尺瓊は八尺瓊勾玉であろう（ちなみに三種の神器は草薙剣、八咫鏡、八尺瓊勾玉）。これらにはすべて「八」という数が冠せられているが、古代において「八」は偉大であることや無限であることを象徴する数字であった。数詞としての「握」は「拳ひとつの長さ」で約八センチから十センチほどとされる。そうなると八握は最大で百センチくらいであるからそれほど大きくもないことになる。八握剣は物理的な大きさをいうのではなく霊的な力強さを賞していると考えるべきであろう。山王神道では、

「八方八福輪形を握となす」

との霊視が示されている。これが図4となる。○より八方向に花弁状のものが出ているが、その中のひとつだけが剣の形状をしている。この「●」点は力が外から内へと働いている範囲を示している。○は自分の肉体の範囲であり、「●」はエーテル体の範囲ということができよう。そして剣の先はアストラル体である。合気道の攻防でいうなら「●」が相手に触れる一点ということになり、ここには「引力」が働いている。「●」が等しく肉体の周りにあるのは回転を表しているためで、どの方角からでも相手に触れた部分から自己の中心へと力の感覚を導くことが表されており、これは合気道の「引力」の感じを実によく摑んでいるといえよう。このような転身を使って相手を巻き込むような身法は八卦掌にも見ることができる。一方で入身転換と称されるこうした合気道の身法は、その源流である大東流にはあまり顕著に見ることができない。こうしたことから合気道は満州で盛平が八卦掌に出会って影響を受けたものとする「伝説」もあるが、それほど合気道は入身転換を多用する。ただ八卦掌の転身の間合いは合気道に比べてかなり近い。それは合気道には剣術の影響があるからで、対剣術を意識しているためにどうしても徒手を中心に間合いが想定されている八卦掌よりも遠くなる。

また図4で「剣」として示されているところでは、「引力」の対照力としての「斥力」が働いていることをも教えている。十種の神宝にあって八握剣が他のものとのペアではなく単独で示されている

のは、それ自身にふたつの要素を含んでいるからにほかならない。盛平は「合気は当身が七分」と教えていた。つまり合気道の七割は当身の技（あるいはそのための練習）であるということである。しかし、盛平の頃も現在でも、合気道で当身が練習されることはほとんどない。それは合気道の当身が「引力」を基本としているからにほかならない。図4にもあるように八方に「引力」が働いていて、その一方向だけに突出した力としての「斥力」が生まれることによって合気道の当身は生じる。そのため「剣」

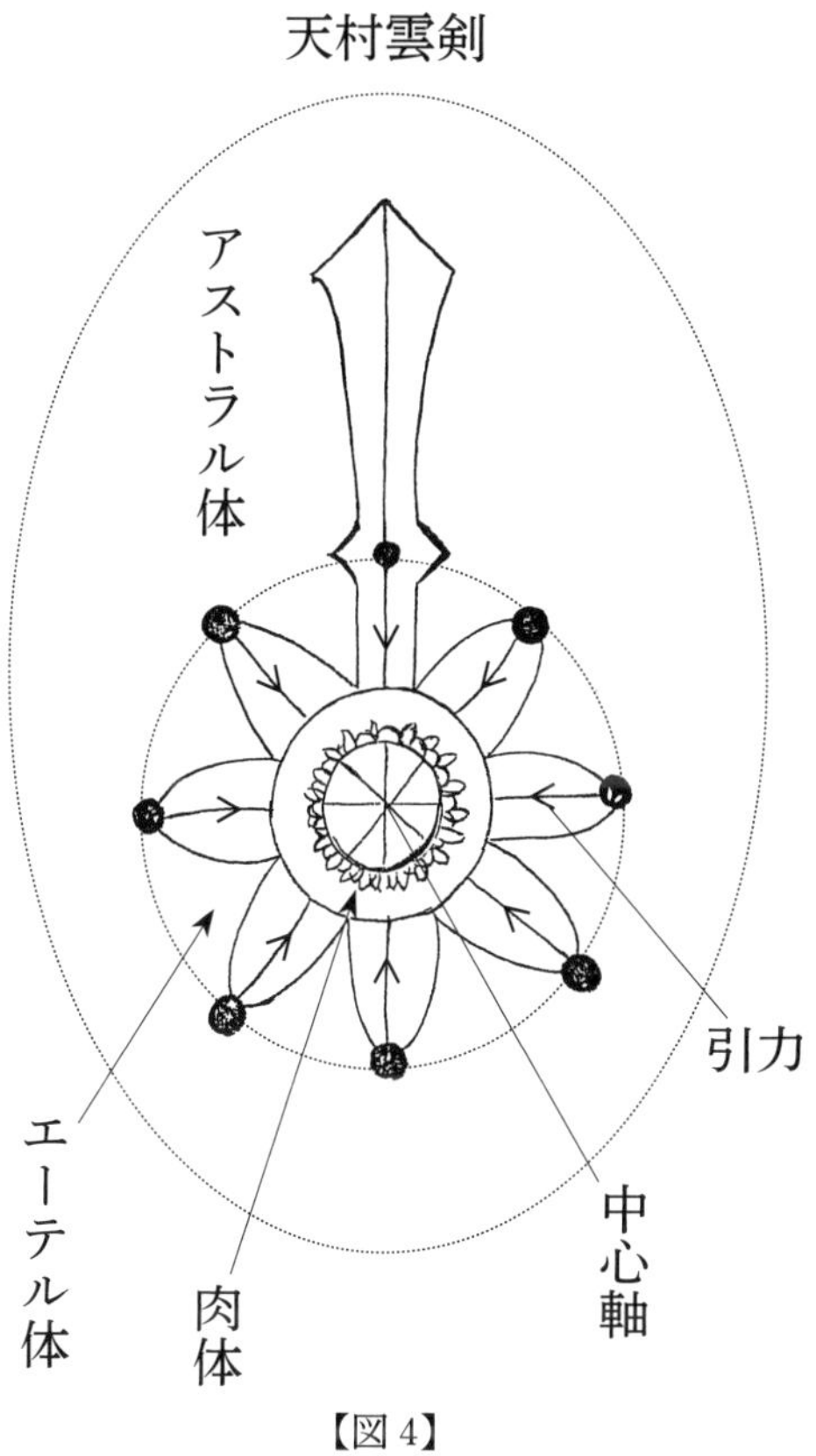

【図4】

はかなり大きく書かれている。これは当身の力が小さいものではないことを教えている。そうした「力」が生まれるのは、たとえば倒れてくる相手には拳を置いて待っているだけでダメージを与えることができるようなものである。こうした原理は太極拳でも使われている。自らが、「力」を出すのではなく、相手を引力により崩すことで「力」を生み出すのであるが、そこで重要なことは相手を制することのできる「一点」を捉えることにある。引力により相手の体勢をよく把握して、「力」の通る「一点」を摑むところに合気道の「当身」は生まれるのである。こうした当身（太極拳では発勁）の奥儀が図4ではよく示されている。

山王神道では十種の神宝の八握剣を霊視して、これが天叢雲（天村雲）剣と同じものであるとしていたが『日本書紀』には、

「一書《あるふみ》に云《い》はく本の名は天叢雲剣《あめのむらくものつるぎ》といふ」

として、草薙剣が本当は天叢雲剣という名であったことを伝えている。これは山王神道と同様に草薙剣を霊視して、その剣の霊的意味合いを天叢雲剣とする教えがあったことがこの記述から分かる。さらに同書にはその名の由来も記されている。

「けだし大蛇居《お》る上に、常に雲気《くも》あり。故もて名《なづ》くるか」

これによれば八俣遠呂智《やまたのおろち》の上には常に雲気があった、そのために剣を天叢雲剣というのであるとしている。「雲気」とは「麗気」のことである。濃密な霊的エネルギーの広がりがあったということである。こうした広がりを八方への「花弁」としているのが、十種の神宝の「天村雲剣」の秘図といえ

よう。太極拳では修練を重ねると気の範囲が広がるという。これが「敷」字訣であり、気のエネルギーを敷く範囲が広がり、その密度が増すにつれて相手を細かな部分まで補足できるようになる。相手を補足するとは相手の心身の情報をこちらに取り込むことである。これには外へ向かう勢いが転換して内へのルートが確立されなければならない。外へ広がる気のエネルギーは、相手を包むような花弁状の気の広がり（あるいは触手のようと形容されることもある）として霊視することができるし、それが相手を補足する時には、触れた「一点」から内へと相手の情報を取り込むルートが確立される。図4はそのあたりの働きを教えている。

天叢雲剣が草薙剣と称されるようになる物語には倭建《やまとたける》の命が出てくる。倭建の命が相模国に行った時に同国の地方官である国造《くにのみやつこ》が命をだまして野に火をつける。焼き殺されそうになった命は、剣で草を薙ぎ払って、それに火打石で火をつけた。これは火に火をもって対したわけである。

「ここに先ずその御刀もちて草を刈り撥《はら》ひ、その火打もちて火を打ち出でて、向火《むかひび》を著《つ》けて焼き退《そ》けて、還《かえ》り出で」

と『古事記』には記されている。盛平は合気道とは「草薙の剣の御神剣発動」であるとする。そして「古典の古事記と合気の御神宣とその本は一つであり」とも言う。これは『古事記』も合気道も、アカシック・レコードに記された「合気」をリーディングした結果を提示したものであるということである。つまりアカシック・レコードということからすれば『古事記』と合気道はひとつのものであるということになる。それを象徴的に見ることができるのが「草薙の剣」である。つまり「草薙の剣」とは「合気」

を霊視した教えそのものを象徴する存在といえる。

倭建の命が相手の放った「火」をもって相手を倒したのは、攻撃してくる力をそのままに使って倒すという教えとして読むことができる。こうした攻防の「転換」を行う働きの鍵となるのが「草薙の剣」であった。神話にある自分の周囲の草を刈る様子は、図4の車輪のように八方に伸びた「花弁」が回転して見える様子を思わせる。この図は倭建の命が草を薙ぎ払っているその勢いを霊視して象徴的に表したと見ることができるし、「火」を引き付け、そして一気に相手に向けて「火」が放たれた転換の働きを示す「剣」がそれを如実に表しているように感じられる。おそらく図4はこうした倭建の命の働きを霊視して、そこに現れた教えを読み込んで表現したものであろう。こうして見てみると山王神道においても、盛平にあっても源を等しくするような深い霊視が試みられていたことが想像される。

さらに重要な情報が『日本書紀』の「一に云はく」として次のように記されている。

「王《みこ》の所佩《はか》せる剣、藂雲《むらくも》、自ら抽《ぬ》けて、王の傍《かたはら》の草を薙ぎ攘《はら》ひ」

これは倭建の命が持っていた天叢雲剣が自然に抜けて草を薙いだということである。「自ら抽けて」といったあたりはまさに合気の当身そのものの感がある。相手の動きを見て反応する肉体のレベルではなく、相手の気配を察知して動くエーテル体のレベルでもない。アストラル体のレベルでの反応はこうした自分でも意図することのない反応となる。これを太極拳では「不知不覚」の境地という。

第二節で述べた霊体との稽古を通して盛平は次のような心境にいたったとする。

「合気の稽古はやめました。ただその時体得した、松竹梅の剣法が残ったのです。この合気は宇内のみそぎの行事であり、人としての道のつとめであります」

これは「合気の稽古」を止めたという重大な発言であるが、その直後には「この合気は」とある。これでは「合気」を止めたのか、そうでないのか判然としないとも思われる。本来ならばこうした用語は厳密に使うべきであるが、盛平は必ずしもそうではない。「合気の稽古」と言っている時の「合気」はエーテル体のレベルであり、「この合気」つまり松竹梅の剣法における「合気」はアストラル体のレベルのことを言っているのである。エーテル体のレベルでの「合気」は相手の気配を察するなど攻防において使われるものであるが、アストラル体のレベルの「合気」は自ずからの働きをいうものなのである。

「松竹梅」とは次のようなものであると盛平は教えている。

「松」は勝速日のこと。

「竹」は気の修練であり、須佐之男の命、武の大王である。

「梅」は三角であり、宇宙と気結びをすること。

これは合気道における「禊」がどのようにしてなされるのかを明示したものである。「禊」が行われるにはひとつには勝速日が開かれなければならない。これはアストラル体のレベルでの覚醒が得られることである。また須佐之男の命は風を象徴する神であるので、これは呼吸が整うことを示している。合気道における呼吸は呼吸力という語もあるし、呼吸投げという技もあるように、アストラル体、エーテル体、肉体を統合した状態、並びにそれにおいて発せられる力を意味している。「武の大王」

とあるのはこれが心身の統合された理想的な状態であるということである。こうして勝速日が開かれ、呼吸力が顕現したならば三角体が完成する。つまり松竹梅とは完成された合気道の修行者そのものを表しているのであり、そのことがそのままで心身あるいは森羅万象を禊ぐ働きとなるわけである。

ここで興味深いのは合気道の完成体を「剣」として感得している点であろう。こうした「剣」のイメージは三角体とも共通している。松竹梅の三角について盛平は不思議なことを述べている。

「梅は三角である。三角は四つ寄って、これは神代の巻に書いてある。それがことごとく地球上のことであり、宇宙のこと。その三角を四つ寄って宇宙に気結びし、生産《いくむす》びすることである」

三角が四つ寄るということは『古事記』や『日本書紀』の神代について書かれたところには出てこない。これは実は図5に示した「十握剣」と同じことを霊視しているのである。『古語類要集』では八握剣について次のように注をする。

「麗気、尺八握剣を五鈷杵形と云ふ」

つまり八握剣は五鈷杵の形であるとする。つまり図5は図4と同じ「剣」の異なる霊視の結果であり、図4の中央に「剣」を立てると図5-a、bとなる。五鈷杵には上下に四つの鈎状のものが出ているが、これを二次元で表すと図4のような「七」つの△となる（図4は二次元での表現であるため花弁の一つが剣と一緒になった形で描かれているが、実際は図5-aのように八つである）。盛平が「四つの三角」というのは五鈷杵の四つの鈎と同様のイメージを霊視しているものと考えられる。また「ことごとく地球上のことであり、宇宙のこと」とあるのは、五鈷杵の△が上下「四」つずつであるのを「地球上」

と「宇宙」としたもので、これらを合わせると「八」つになる。これは小宇宙（地球）と大宇宙（宇宙）の合一をいうものでもある。そして小宇宙の「四」と大宇宙の「四」は合一しているのであるから「四」つともいえることになる。「四」とは力の及ぶ方向を示すもので「四」は四正であり東西南北で、これに四隅（南東、北東、北西、南西）が加わると「八」になる。四正は固定していて先天・大宇宙の方向とされる。一方、四隅は変化の方向であり、これは後天・小宇宙において働くとする。このように盛平の語る教えを山王神道の教えと重ね合わせてみるといろいろな意味が解けてくる。また『古語類

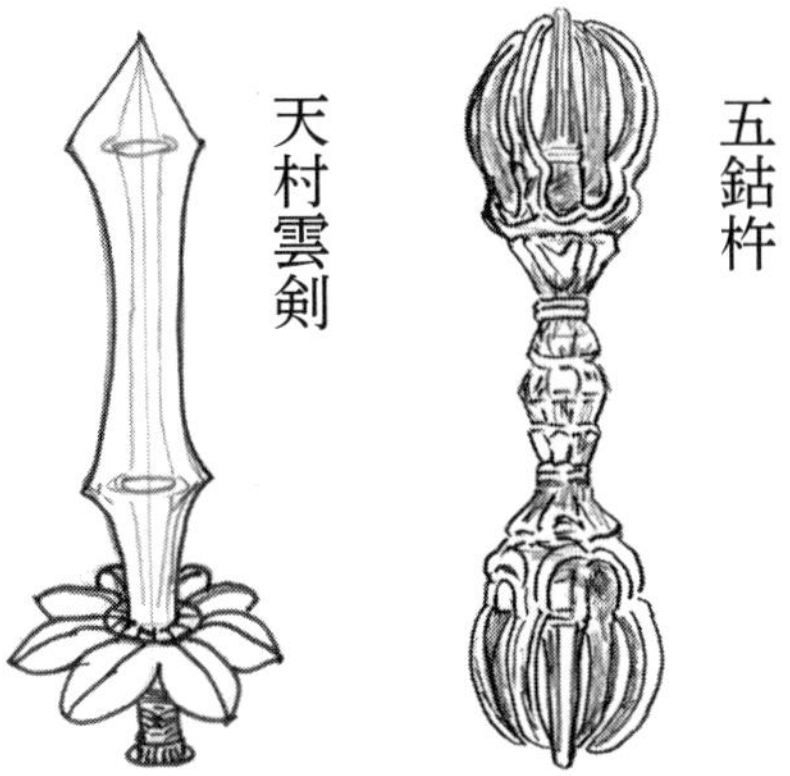

【図 5-a】

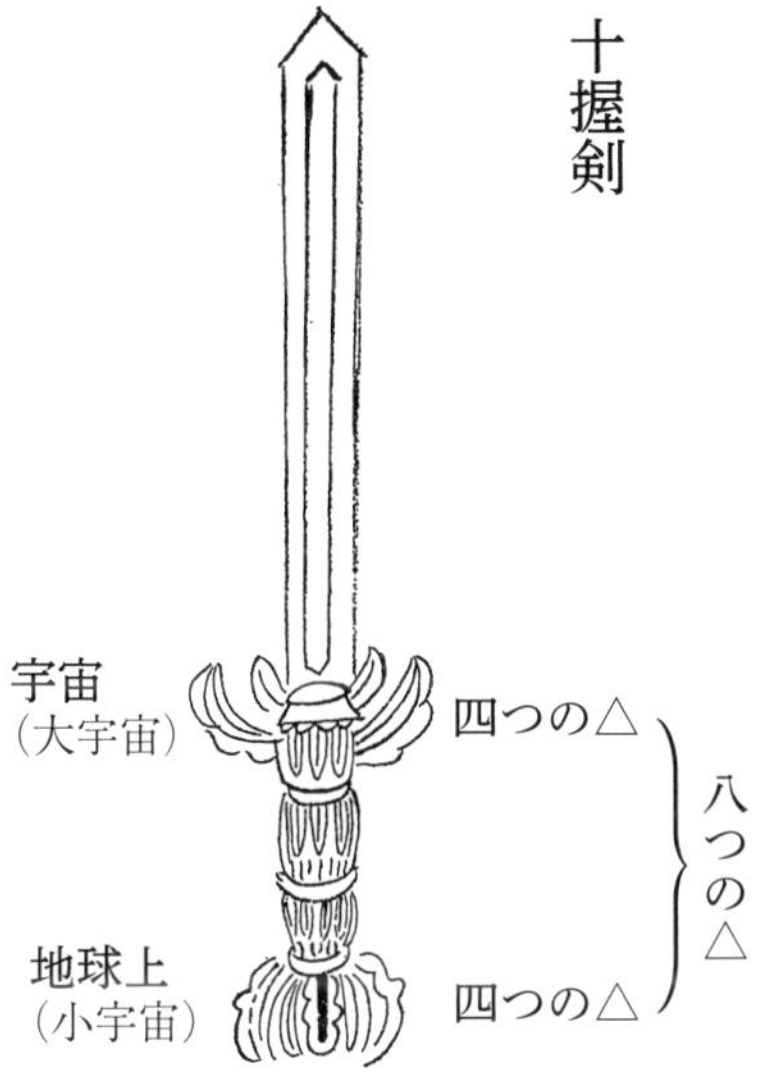

【図 5-b】

要集』には、

「故に十握は天地合わせて、十、八 各《おのおの》同体なり」（写本では「一」とあるが「十」の誤写であると思われる）とある。これを合気道的に解すれば、八握剣は三角体の象徴であるが、それに天地のふたつが加わり十握剣（四正、四隅に上下）となって初めて「完成」の形となるのであり、これによって宇宙の（麗）気と一体となる（気結びする）ことが可能となる。そうなれば「禊」の働きが生じて自分はもとより森羅万象、宇宙のすべてを禊ぐことも可能となるのである。十握剣で示される四正、四隅上下の△は、対照力をいうものである。盛平は四正、四隅に上下が加わってはじめて対照力が完成すると考えたのであった。

四、死反玉、生玉と合気

次の図6では「死反玉《まかるがへしのたま》」と「生玉《いくたま》」が説明されるが、『古語類要集』ではこれを「死玉《なをしのたま》」「生玉《いきたま》」としている。死反玉の「まかるがへし」の「まかる」とは死ぬことで、そこから返ってくることを「まかるがえし」と言っている。つまり死反玉とは甦りの働きを持つ玉ということになる。死にそうになっている人に「魂よばい」をするのは鎮魂のひとつの大きな目的であった。それは住んでいる家の屋根の上にあがって、死なんとする人の衣服などを振ることで離れて行きつつある魂を呼びもどせば魂が再び活性化すると考えられていた。そして改めて生命力を取り戻した「魂」は生魂となる。

この生魂と死反魂の関係は和魂と荒魂、あるいは幸魂と奇魂の関係と同じである。通常は生命力にあふれた生魂で人は生活をしている。これは和やかで（和魂）、幸に満ちた（幸魂）日常でもある。しかし、病気や疲れ加齢などいろいろな要因で生命力は衰える。そうした危機的な状況で発動されるのが死反魂であった。これと同じく荒々しい魂の働きや奇《くし》びなる魂の働きを促すことで危機的な状態を脱しようとしたのであった。

しかし、山王神道では死反魂を「なをし（なおし）」と霊視している。「なをし」は「直」であり、

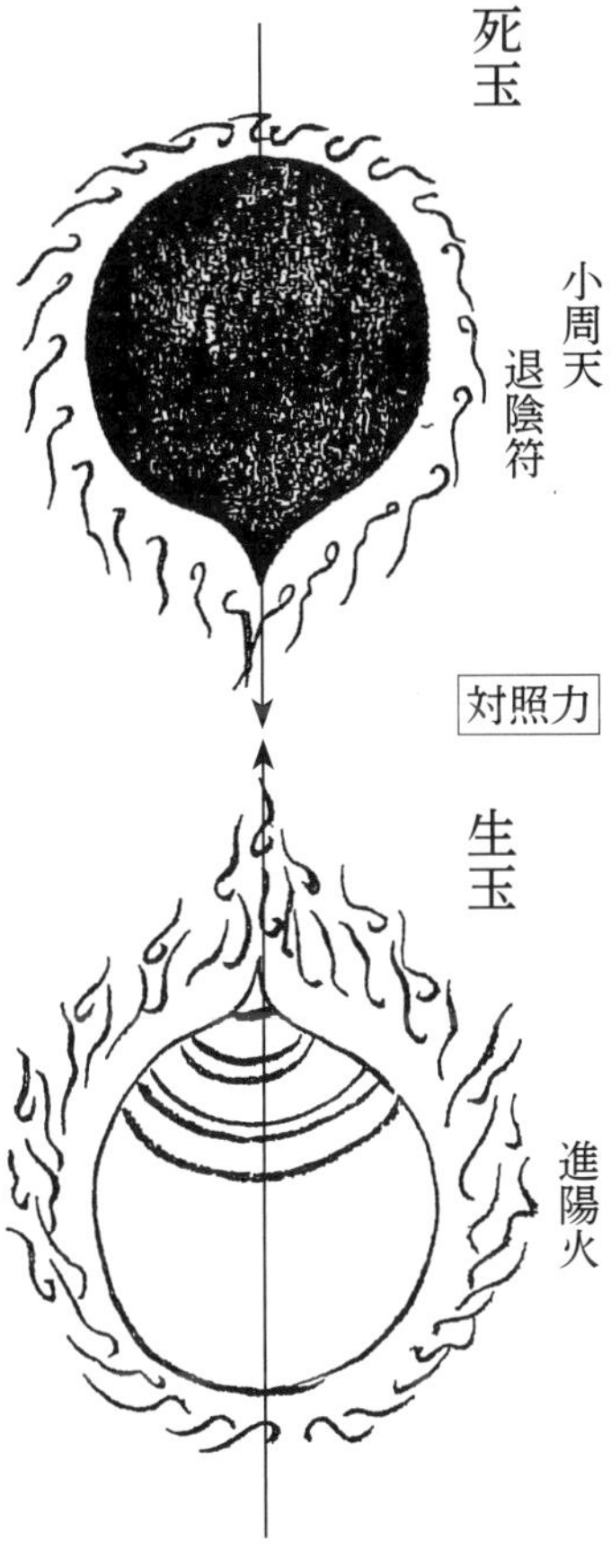

【図6】

不適切な状態をもとに戻す働きをいう。そうであるから「死」を「穢」と考える神道では死反魂を「なおしのたま」と読むことに問題はない。また「なおしのたま」は「直霊」でもあろう。これは通常は「なおびたま」と読むが、「なおしたま（なほしたま）」と読むこともできる。盛平は一霊四魂三元八力ということを重視していた。そして四魂（和、荒、幸、奇）も三元（剛、柔、流）も八力もすべてが「一霊」の働きから派生したものと考えていた。「一霊」とは「直霊」である。盛平は、

「一霊四魂三元八力の働きとなって、すべてのみそぎをしているのです」

と述べている。すべてが「禊」つまり「直霊（一霊）」の働きであるということである。古代日本では生命エネルギーが弱ることを「けがれ」と言っていた。「気《け》が枯れる」ので元気がなくなると考えた。「けがれ」は個人の心身だけではなく社会においても同様に発生すると考えられていた。「直霊」のことが神話に出てくるのは伊邪那岐の神が死者の国である黄泉の国から帰ってきて生命力を回復するために行った「禊」のところである。伊邪那岐の神は生命力が衰えてしまった。つまり「けがれ」てしまったので自分の生命力を回復しようとして禊を行った。その時に生まれたのが神直毘《かみなほび》の神、大《おお》直毘《なほび》の神であった。伊邪那岐の神は、こうした「直毘（直霊）」の神が現れることで穢を脱することができて、本来の生命力を回復できたのである。そして神直毘の神、大直毘の神の後には伊豆能売《いづのめ》の神が現れる。伊豆能売の神の「伊豆」とは「稜威《いつ》」のことであり、これは強力な霊力を示す語である。「けがれ」が祓われて生命力が復活したことが示されている。

伊邪那岐の神が黄泉の国から返ってきて禊を行ったのは「竺紫《つくし》の日向《ひむか》の小門《をど》の阿波岐《あはき》原」であると

されている。植芝盛平は合気道を「小門の神業《かみわざ》」と称していた。つまり合気道は禊であるとされるゆえんである。盛平は「阿吽の呼吸の気の禊」ということを言っている。つまり「息」による禊である。この「息」による禊を行うには、アストラル体、エーテル体、肉体がひとつになっていなければならない。

こうした呼吸による禊について知るには「大祓」を見る必要がある。「大祓」は現在でも六月と十二月に行われている。これは「けがれ」を祓うために行われる。人は生きていれば必ず死へと向かう。これは「けがれ」に向かっているということになる。そうであるから定期的に「けがれ」を祓うことで健康や長生きが可能となると考えた。また社会にあっても「大祓」をすることで秩序の保たれた豊かな生活を送ることのできる状態が継続されると思われたのである。

「大祓」の中心となる神は気吹戸主《いぶきどぬし》の神である。気吹戸主の神により、この世の「けがれ」は根国《ねのくに》底国《そこのくに》へと送られる。気吹戸主の神は海に吹く風をイメージしたもので、古代には海上のはるか彼方には異界（根国底国）があると信じられていた。このようにしてこの世の穢が祓われるのと同様に、個人においても「風」つまり「呼吸」によって穢が祓われると考えられたのである。図6にある「いきみたま」は「息御魂」であり「生御魂」であって、「息」の霊的働きが「生」へと導くものであることがここでは霊視されている。穢が呼吸により祓われるとする霊視による認識は盛平の教えと同じといえる。

また『古語類要集』の注には、

「生玉は火玉、死玉は水玉、如意宝珠というはこれなり」

ともある。図6では「生魂」も「死反魂」も共に宝珠形で火炎のようなものに包まれている。しかし、注からして「生魂」は火炎であるが、「死反魂」は水の滴りであることが分かる。これは上昇するエネルギーの動きと下降するエネルギーの動きを示しているのであり、神仙道の小周天（進陽火、退陰符）と同じことがここでも示されている。白玉は水の玉であるから色であれば白とすることもできよう。赤に対する色としても白は適切と思われる。そして赤玉、白玉については「出雲の国の造《みやつこ》の神賀詞《かむよごと》」に見ることができる。

「白玉の大《おほ》御《み》白髪《しらが》まし、赤玉の御《み》赤《あか》らびまし」

ここでは白玉は白髪の生えるまでの長寿を約束するものであり、赤玉は顔色のよい健康になるためのものといっている。つまり赤玉は生魂であるからさらなる生命力の活性化を促すのであり、白玉は死返魂として白髪となって生命力が失われつつあっても再び生きる力を保持できるようになる働きをするものとして認められているわけである。そうしたことからすれば出雲で霊視された赤玉、白玉は、山王神道の火玉、水玉と同じものであることが分かる。これはまた盛平も同様の認識を持っていた。

「この世のみそぎには、赤玉、白玉、青玉（真澄の玉）の三つの神宝が必要なのです」

赤玉、白玉は出雲での霊視と同じであるが、青玉を見ているところは山王神道の宝珠と等しい。

生魂（生玉）	火玉	赤玉
死返魂（死玉）	水玉	白玉

ということになる。そして、これらがひとつになったのが青玉つまり宝珠なのである。真澄《ますみ》の玉とは穢のない澄み切った状態を表すのであり、これは一霊（直霊）の働きということになろう。つまり図6でも分かるように、生魂と死反魂は「対照力」の関係にある。そして対照力が適切に働くことで穢が消え、つまり禊がなされて、穢のない澄み切った状態が出現するのである。また盛平は、

生魂を潮盈珠《しほみつたま》
死反魂を潮乾珠《しほふるたま》

としている。そして次のようにも述べている。

「赤玉も白玉も日月の合気によって、生命を現わすのです。日月の呼吸と潮の満干の交流で、生命を造るのです」

ここでは「日月の合気」「日月の呼吸」「潮の満干」があげられている。「日月の合気」とは太陽と月の運行のことで、これはアストラル体とエーテル体が統合されるということであり、「日月の呼吸」はそれが呼吸によってなされること、「潮の満干」は引力・斥力のことである。赤玉、白玉はこうした森羅万象をつらねた「一霊」の「禊」の働きとして示現している。またこれらを合気道において展開させるとするならば、それは合気（アストラル体）、呼吸（エーテル体）、身体（肉体）の統合として現れることになる。『古事記』には潮盈珠、潮乾珠の使い方を、

「恨怨《うら》みて攻め戦《たたか》はば、潮盈珠を出して溺《おぼ》らし、もしそれ愁ひ請《まを》さば、潮乾珠を出して、活《い》かし」

と教える。相手が恨んで攻めてきたならば、潮盈珠を出して溺れさせ、改心をしたなら潮乾珠を出

して助けよ、というのである。盛平は「生魂」を「潮盈珠」としているのであるから、これは相手を「溺れさせる」働きを持つことになる。また「死反魂」は「潮乾珠」であるので、相手を「活かす」働きを持つとする。武技としての合気道の目的とするところは、相手の「一霊」を活性化させて相手の心身の穢を祓うことにある。ただ倒すだけが目的ではなく、改心をさせ、闘いを止めさせることが重要なのである。これが「なおしのたま（死反魂）」と霊視されるゆえんでもある。

「荒き心を起こして」（『古事記』）攻めてきた兄の海幸彦は潮盈珠と潮乾珠の働きによって改心をして、これからは汝の「昼夜の守護人《まもりびと》となりて仕《つか》へ奉《たてまつ》らむ」と言ったとある。敵がい心をまったく捨てて最も信頼される人物がつくべき身辺警護をしようというのである。これは穢れた心が一霊の働きで浄化され海幸彦の本来の心が表れてきたためといえよう。

さらに興味深い記載が『日本書紀』の「一書」に記されている。これは海幸彦が溺れる様子とされる一連の描写である。そこには最初に、

「足を挙げて踏行《ふ》みて、その溺苦《くるし》びし」

と記されている。これは足を挙げて苦しんでいる様子であるが、合気の観点からすれば、合気により体のバランスを崩された状態と解される。そして次には、

「初め潮、足に漬《つ》く時には、足占《あしうら》をす」

「足占」とは爪先立ちになることで、これはまさに大東流などに見られる合気がかかって硬直した状態そのものである。大東流の合気がかかると全身のバランスが崩されてしまうので踵が浮いて体が

弓なりになってしまう。これは体の中心である「腰」に合気のかかった状態といえる。

そしてさらに「潮」が満ちてくると、

「膝に至る時には足を挙ぐ」

となるとある。これはより深く合気がかかって腰から膝にまで及んでいる様子と見られる。膝にまで合気がかかると「足を挙ぐ」とあるように、大きく体のバランスを崩すことができるので相手を投げることも可能となる。「足を挙ぐ」とあるのは、合気独特の重心が泳いでバランスを失って投げられる時の状態そのままである。ここまでは主として肉体のレベルの「合気」で、大東流に顕著に見ることのできる形といえる。さらに「潮」は「股」にまでいたるとする。

「股《もも》に至る時には走り廻《めぐ》る」

ここではエーテル体のレベルの合気（引力）が働いている。これを使うと相手を翻弄することが可能となる。合気道で右に左にと転身（転換）を繰り返して相手を翻弄するのは神話で「股」の合気として霊視されているのと同じである。バランスを崩してそれを立て直そうと速足になるものの限りなく心身のバランスを先へ先へと持っていかれているような状態といえよう。これが「腰」にまで「潮」が深まれば、

「腰に至る時には腰を捫《ひね》る」

となる。古い門弟の方々に聞くと、盛平に技をかけられると「力が入らなくなる」という。それは合気が「腰＝全身」に入っているからにほかならない。塩田剛三が指先で押しただけで相手を倒すの

も同様である。「潮」が「腰」までできたとは体を支える「根」となる部分が完全にコントロールされている状態を示している。

あるいはこのように詳細に合気のことが『日本書紀』に書かれているわけはない、と思われるかもしれないが、それぞれの細かな表現を見るとそうした批判の当たらないことが分かるであろう。たとえば足が浮くとか、走り廻るといった感じは本当の合気が使えないと出てくることのないものである。また実際には、たとえ「潮」が足や腰まで満ちてきても特段に慌てる必要はない。それなのにこのような詳細な描写を残しているのは「潮盈珠」で象徴される霊的な操作（合気・呼吸力）のあることを教えるためであったと思われる。

そして次にはアストラル体のレベルの合気が示される。「腋」とあるのは、上半身が浮き上がったような状態になることで、それには相手の意識を制御できなければならない。たとえば相手の手を取ろうとして手を伸ばしたら、その手がその先にいっていて、さらにそれを取ろうとしてバランスを崩してしまうような段階が「腋」である。またこうした状態になると実際に「腋」が空き、肘が挙がって重心が上になってしまう。これが、

「腋《わき》に至る時には手を胸に置く」

として表現されている。またさらにアストラル体のレベルの合気（勝速日）が高度になると、

「頸《くび》に至る時には手を挙げて飄掌《たひろか》す」

となる。相手を捉えようとしたらいなくなっていた、というような状態である。確かに相手に抱き

着いて制しようとした時に間合いを外されると衝撃が「頸」にきて、両腕は空を摑むことになる。これと同じく「合気」を使った闘いは、出雲での国譲りで天から使わされた建御雷《たけいかづち》の神と出雲の建御名《たけみな》方《かた》の神が互いに手を取り合って「試合」をする場面でも見ることができる。確かに盛平のいうように「合気」の奥義は『古事記』や『日本書紀』の神話に記されているのである。

五、足玉、道反玉と三角体

足玉《たるたま》と道反玉《ちがえしのたま》を霊視したビジョンが示されている図7は人体を表している。また、これは合気道でいう三角体の奥儀を解き明かすことのできる秘図でもある。足玉が△であることは「上字」とあることでも分かる。つまり「上」という字の形と同じであることを示している。また▼には「下字」とあるのも同じく、これは「下」という字の形と同じであり、またこれは下半身を示すものでもある。このことは『古語類要集』の注にもある。

「足玉は父体を表し、上字を示す。道反玉は母体を表し、下字を形す」

△と▼は父体と母体の関係にあるのであり、それはひとつのペアであって「対照力」でもある。盛平の感得した三角体は『古事記』に見られる身体観ときわめて類似している。表1にしたのは迦具土の体から生まれた神々と、黄泉の国で亡くなった伊邪那美の神の体に発生していた雷《いかづち》の神である。個々

の神々の性格についてはここでは触れる必要はあるまい。重要なのはその順番で、それは、

頭─胸─腹─陰《ほと》

という体の中心軸がまず示されて、

左手─右手

左足─右足

となっている。三角体を完成させるには、まずは中心軸が立たなければならない。盛平は三角体について次のように教えている。

「すべての円を、キリリと描くのである。円に十を書く、その十の上に自己の左右の足で立つのである。それで全部、三角法で進むのである。立ったおりに、右足を動かしてはいけない。左足だけで巡るのである。そして天の気、地の気、要するに天地の気と気結びすることである」（三角法は△法に同じ）。

「円に十」とは、中心軸と左右の手、左右の足によって形作られる。これが三角法の基本となる人体観である。円転する手足はすべて中心軸と関係をもって動くことになる。これが「円に十」である。また「右足を動かしてはいけない。左足だけで巡るのである」とあるのは剣術の構え（右構え）を基本としたもので、右足は陽（父）で攻撃をする働きを持っており、左足は陰（母）で攻撃を受ける働きを持っているという考え方となる。また図7にあるように上半身は攻撃をする陽（父）であって、下半身は攻撃を受ける陰（母）ともなる。これは剣を構えていれば明白であるが、剣の重さもあるの

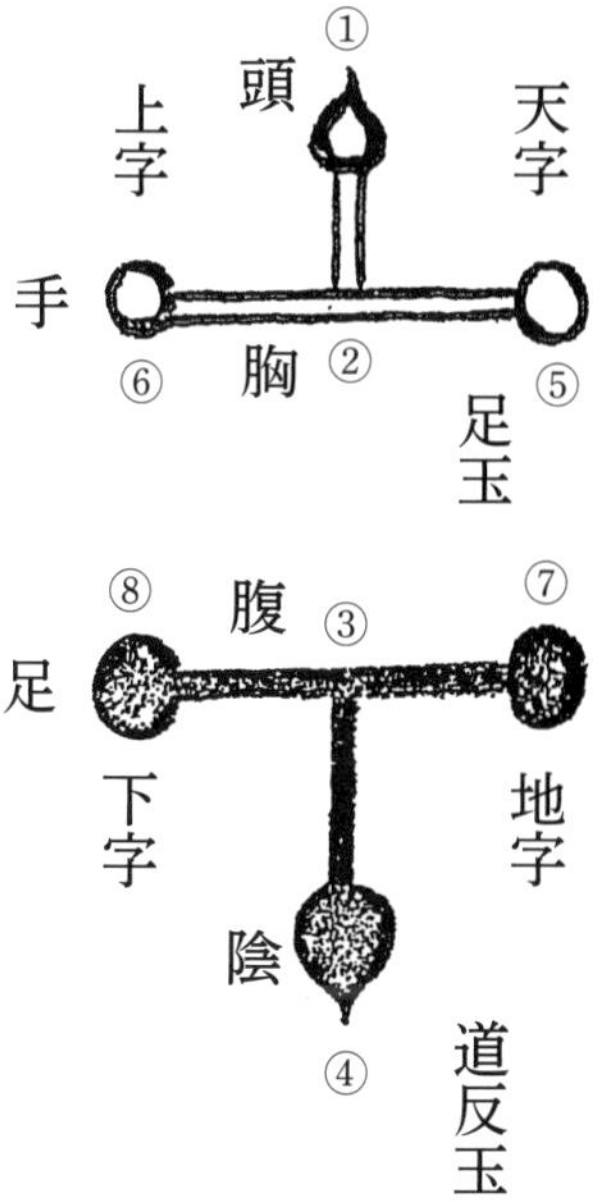

【図7】

		迦具土	伊邪那美の神
1	頭	正鹿山津見の神	大雷
2	胸	淤縢山津見の神	火雷
3	腹	奥山津見の神	黒雷
4	陰	闇山津見の神	折雷
5	左手	志芸山津見の神	若雷
6	右手	羽山津見の神	土雷
7	左足	原山津見の神	鳴雷
8	右足	戸山津見の神	伏雷

【表1】

で体重は右手、右足にかかっている。そのため相手の攻撃を体でさばくには左足を引く必要がある。合気道と剣術との関係がいわれるのはこうした身体観によっている。

　加えて盛平は「天の気、地の気、要するに天地の気と気結びする」のが三角体であるともしている。これも図7を見ると△では上に宝珠形が示されていて天と気結びをしていることが示されているし、▼では下向きに宝珠があって地と気結びをしているのが分かる。このように盛平の語る一見しては意味がよく分からないような三角体の説明も山王神道の霊視の情報を参考にすれば、その意味が明白になる。

　表1に示した古代日本人の身体観で

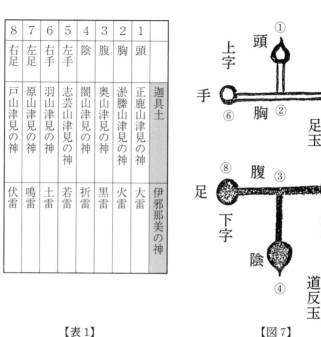

特徴的なのは「陰」が強調されている点であろう。この中で「頭」は上丹田、「胸」は中丹田、「腹」は下丹田とすることができるが、中国でも古代の身体観では性器（陰）の働きは生殖にかかわるところとして、ある種の神秘的な中心と見なされていたようなのである。老子もこれを「玄牝《げんぴん》」として崇める太古の信仰があったことを背景として紹介したうえで、「玄牝」とは「根源の女性原理」であるとして、太古の人たちもそうしたところからの生成のプロセスである「道（タオ）」を霊視し得ていたことを指摘している。太極拳ではこの「腹」と「陰」とを合わせた中心を「腰間」とする。太極拳の「十三勢歌」には、

「命の源頭は腰間にあり」

とあって、その重要性が明記されている。「十三勢歌」は百五十字ほどの短いもので太極拳の極意を「歌」の形で示している。その中に「腰間」は二度も出てくる。二番目は次のようにある（「源頭」は第一の源ということ）。

「刻々、心を留めるは腰間に在り、腹内鬆静《ふくないしょうせい》たれば氣騰然《きとうぜん》す
尾閭中正《びろちゅうせい》にして神頂《しんちょう》を貫き、満身軽利にして頂頭を懸くる」

「刻々、心を留める」とは、常に腰間が意識されているということであるが、これはことさらに意識するということではなく、腰が沈んだ状態になって気持ちが落ち着くということと解する。こうした状態は沈身であるとか沈墜勁とされる。「腰間」に意識がなくて体を動かすと動きが浮いてしまう。力のない動きとなる。「腹内鬆静（鬆浄）」は余計なところに力が入っていないということで、これに

より「静」が実現される。そうすると気は自然に体の中心線を昇っていく（騰然）ことになる。こうして中心軸が確立される。

「尾閭中正にして神頂を貫き」はこれと同じことで、尾てい骨のあたりにある尾閭から背骨が適切に立ち、「神（気）」が頭頂を貫くことである。これは中脈が開く意となる。そうなると全身が軽やかに動かせるようになり（満身軽利）、頭から全身に及んで乱れのない協調した動きがとれるようになる。こうしてみると、これはまさに三角体の説明ということができよう。

「足玉」は霊的な力が十分であること、つまり「腹内鬆静」となって「氣騰然」となることである。これが△となる。そして、その霊的な力はまた肉体へと戻ってくる（道返玉）のであり、それによって「満身軽利」たる動きを可能にさせる。盛平は晩年にいたるまで飛び上がって転身をするような動きを示していた。そしてそれは最晩年になるとさらに華麗さが加わった。これはまさに「満身軽利」たるそうした動きが、肉体によるのではなく「氣騰然」より発するものであったためと考えられる。また盛平は右に左にと大力の弁慶の薙刀をかわし、壇の浦では八艘に軽々と飛び越えた身体法（八艘飛び）を自分は体得していたと称していたとされる。

「道反玉」は伊邪那岐の神が黄泉の国から逃げてきた時に、この世とあの世の境に置いた石、千引の石の伝承と関係している。『古事記』には、

「黄泉の坂に塞《さや》りし石は、道返《ちがへし》之《の》大神《おおかみ》と号《なづ》け」

とある。この世とあの世の境にある黄泉の坂を塞ぐための石を「道返之大神」と名付けたというの

である。また『日本書紀』では次のように記している。

「所塞《ふさ》がる磐石《いは》といふは、これ黄戸《よみど》に塞《ふたが》ります大神を謂《い》ふ。またの名は道返大神《ちがへしのおおかみ》といふ」

黄泉の坂を塞いでいる磐石とは、「黄戸」つまり黄泉の国へ入るための入口が開かないように塞ぐ働きを持っている大神のことであって、この神が道反（之）大神であり、霊的な世界と物的な世界を分ける働きを有しているとすることができよう。三角体はひとつの三角だけで完結するのではない。△と▼があって初めて肉体の働きとして霊的な力を発揮することが可能となる。これはいくら坐禅をしても、それだけでは武術の動きが上達しない所以でもある。坐禅や瞑想をすれば△を得ることはできる。「生玉」を開いて心身の充実を感じることはできるであろう。これは盛平の言い方であれば「天の気」ともむすびを得るということになる。しかし、武術としての力を展開するには「地の気」とのむすびがなければならない。それには武術の動きを練らなければならない。こうした十字のむすびを盛平は「伊都能売（伊豆能売　「都」を使うのは大本による）」の働きであるとしている。

「伊豆能売とは経魂たる荒、和、二魂の主宰する神魂を厳《いづ》の御魂といい、緯魂たる奇、幸二魂の主宰する神魂を瑞《みづ》の御魂といい、厳瑞合一したる至霊魂を伊豆能売の御魂というのです」

「経」の霊的なライン（中脈）は荒魂と和魂の「対照力」が発動しており、「緯」の物的なラインは奇魂と幸魂の動いているところと霊視しているわけである。確かに技としての展開は意表を突くものであり不可思議なもの（奇魂）となろうし、相手をただ制圧するだけではなく相手の穢れを祓い互いに和平をもたらすもの（幸魂）となるのが合気道であるから、こうした盛平の霊視はそのまま首肯さ

れるものといえる。そして、

「伊都能売の働きをするのが、合気の修行であり」

とまで語っており、さらには、

「伊都能売の道によって伊都能売となって、この世をみそぎせよ」

とも教えている。つまり「伊都能売」の働きとは「一霊＝直霊」の発動そのものということになる。

また、「伊都能売」の「いづ（伊都）」とは激しく強い意であり、これは男性的といえよう。一方、「め（売）」は女性を意味している。つまり、「伊都能売」は男性的なものを含む女神とすることができるわけで、これは男性的な「厳の御魂」と女性的な「瑞の御魂」がひとつになっていることを象徴していることになる。また以上のことは山王神道で「足玉」を「父体」、そして「道反玉」を「母体」として、「一体・一対」のものと示しているのとも合致している。そして、ここでは「道反玉」つまり霊的な力がどのようにすれば物的世界で顕現させられるかの奥儀が示されている。そこで主体となるのは「母体」の方、つまり「道反玉」にあるわけであり、そうした意味においても男性的なもの（厳の御魂）と女性的なもの（瑞の御魂）とがひとつになった象徴に女性の神である伊都能売をもってきたのも故あることと考えなければならない。こうした女性的な働きが生成のベースとなっていることは老子も霊視していたことである（玄牝）し、太極拳で「柔」や「静」をベースとするのもこうした「陰＝女性」をベースとする自然の生成の働きに習うものであった。

六、蛇比礼、蜂比礼と褉

「蛇比礼《おろちのひれ》」について『古語類要集』の注には次のようにある。

「蛇比礼は白色をもって本となし、よってもって水字となす。これ清浄の意なり」

つまり蛇比礼は「水」字の形であり、「清浄」を表すものであるとするわけである。これは図8で明らかなように、三本の棒が交わることで「水」の字に似ることをいっている。

一方「蜂比礼《はちのひれ》」については、

「蜂比礼これ陰なり。帯繦《たいきょう》を懸け火字を表す元なり。赤色なり」

とある。こちらは「陰」であり、「火」字、「赤色」とする。ただ蜂比礼の図からはそのまま「火」の字を見ることはできない。あくまで「水」である蛇比礼との対比としての「火」と見るべきであろうが「水」の中心線を欠いたものが火であるという霊視がここではなされている。

『古事記』で蛇比礼、蜂比礼が出てくるのは、大穴牟遅《おほなむぢ》の命が須勢理毘売《すせりびめ》に求婚をするシーンである。大穴牟遅の命は結婚相手として相応しいかどうかを試されるためのいくつかの試練を受けるが、始めには蛇の室《むろ》で寝ることを命ぜられる。そこで大穴牟遅の命が須勢理毘売より授けられたのが「蛇比礼」であった。そして次のように告げられる。

「その蛇咋はむとせば、この比礼を三たび挙りて打ち撥ひたまへ」

もし蛇に噛まれそうになったならば三回蛇比礼を振って打ち払って下さい、というのである。もの を振るという行為は鎮魂の一種で、こうすることで霊的な力が強くなる、活性化されると信じられて いた。「比礼」は女性が首に掛ける長いスカーフのようなもので、須勢理毘売から渡された「比礼」は「蛇 比礼」というくらいであるから何らかの蛇に対する霊的な力が込められていたのであろう。それを振 ることでその力は活性化されて、大穴牟遅の命のいた部屋の蛇に影響を与えたものと思われる。『古 事記』では、

白色

蛇比礼

引力

帯緒

赤色

蜂比礼

手

斥力

転振

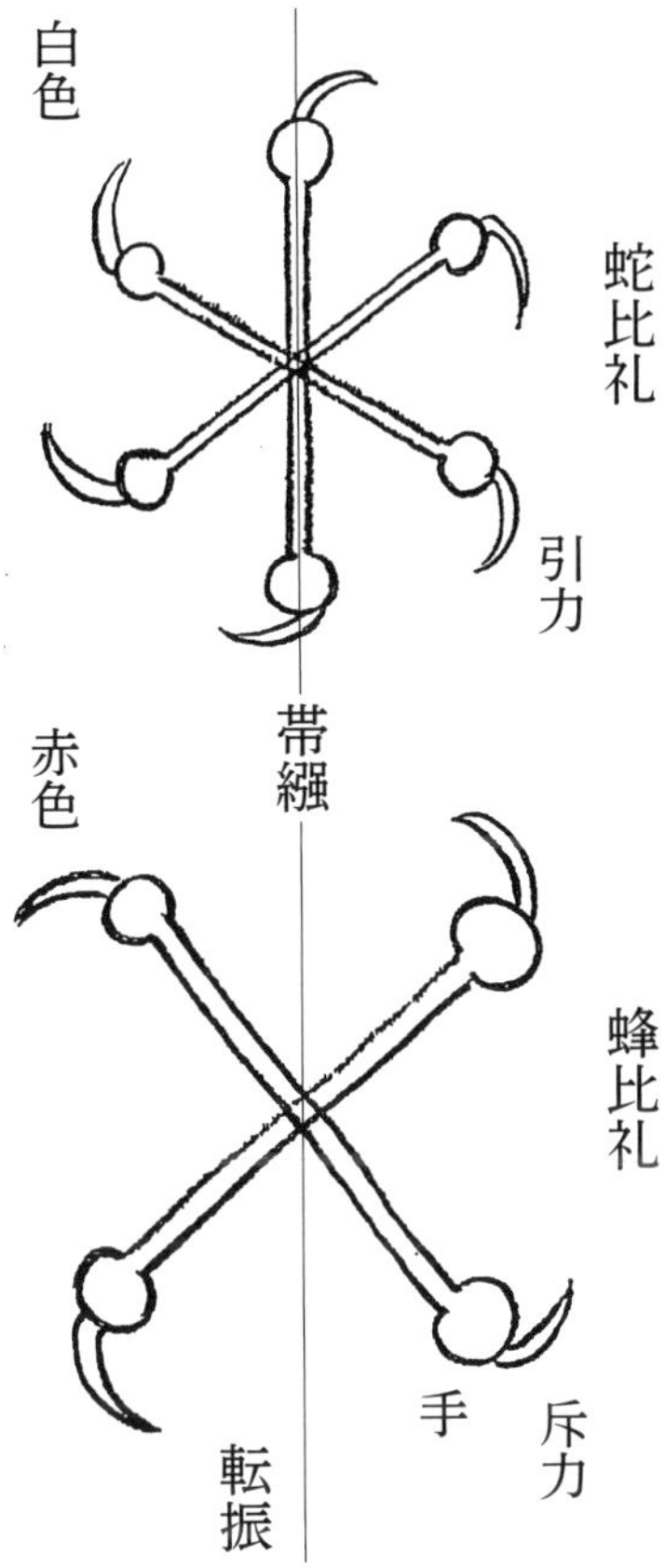

【図8】

「蛇自ずから静まりき」

と記されている。蛇は自然におとなしくなったというのである。

次は呉公《むかで》と蜂の室に入れられる。ここでも同様に「呉公蜂比礼」を渡されて蛇比礼の時と同じようにするよう教えられる。そうすると「平《やす》く出でたまひき」とあるように無事に室を出ることができた。

こうした比礼の呪術を考えるうえでは、八十島祭《やそしままつり》が参考になる。八十島祭とは古代に行われてた大嘗祭にならぶ重要な祭祀である。天皇の代替わりに難波津におもむき乳母の典侍《ないしのすけ》が天皇の衣服を納めた箱を海辺で揺り動かす。その時の祭場には生島《いくしま》の神と足島《たるしま》の神、住吉《すみよし》の神が祭られる。また天皇の衣服を入れた箱が海岸で揺り動かされるのは、難波津に浮かぶ多くの島を日本全体の島々に見立てて、それぞれの国魂《くにたま》を衣服に憑け、それを再び天皇が着ることで天皇自身に日本国中の国魂が憑くと考えられたことによる。八十島祭を合気道的にいうならこれは、外にあるエネルギーを引き入れる「引力」の働きを核とする祭祀であると考えられる。そうであるなら盛平の唱える「魂の比礼振り」も「引力」を基本とするものであらねばならないことになる。

比礼の働きが「引力」にあることは先の神話でも比礼を振ることで蛇が「自ずから静まり」となったことでも分かる。蛇は争おうとする意志を捨てさせられたのである。相手を引き付ける「引力」は和合の力を生じさせる。合気道的にいうなら争おうという意志は「穢」であり、そうした「穢」は引力によって生じた「和合」の働きによって浄められる。まさに合気道は相手の闘争心を浄化して争いを止めること、争いそのものが生じなくなることを最上とする。これが合気道の「禊」であり、「その具体的な方法が十種の神宝の比礼には示されているのである。

『古事記』の神話には蛇比礼と呉公比礼、蜂比礼の三種類が出ていたが、十種の神宝ではただ蛇比礼と蜂比礼のみとなっている。神話で呉公が出てくるのは、これを伝えた人たちの間で呉公が特別なものと考えられていたためと思われる。呉公は次の試練である須勢理毘売の父の須佐之男の命の頭の虱を取るところでも出ている。須佐之男の命は、頭の虱を取ってくれ、というのであるが、実は呉公がいて、それを大穴牟遅の命に取らせようとする。この時も須勢理毘売の知恵を得て、呉公を取るように見せかけることができたのでこの試練を乗り切ることができたとする。あえてひとつの話に二度も呉公の試練を入れているのは呉公が特別なものとして見られていたことをうかがわせている。後に呉公は毘沙門天の使いとされて信仰されるようになるのも、こうした古代の信仰の何らかの反映であるかもしれない。

それはともかく、十種の神宝で呉公を入れていないのは蛇と蜂であれば地と天として対比を付けやすいためであろう。これに呉公が加わると蛇と同じく「地」が重なることになるので具合が悪い。既に説明したように十種の神宝はふたつのものが対になっているのが原則であり、そうなるとやはりこは蛇と蜂でなければならない。

十種の神宝で蛇比礼、蜂比礼として示されているのは等しく「円」と「直」の勢いである。蛇も蜂も円を描いて動くが、攻撃をする時には「直」の動きに変ずる。山王神道で霊視した図8の蜂比礼の注には「帯縕《たいきょう》を懸け」とあることは既に見たが、「縕」とは「おび、なわ（縄）」の意で、「帯」

には「蛇」を意味する。つまり図8における蜂比礼、蛇比礼とは左転、右転と円転する動きであることが示されていることになる。加えて蜂比礼に、

「すなわち手の異名にして、転振《まろびふる》の意なり」

とあることからすれば、つまり蜂比礼は「手」の動きを表しており、それは「転振」するものであるということになる。図からすれば円を描いて動くと解するのが妥当であろう。ここでは「水」である蛇比礼に「火」の蜂比礼が含まれる形になっている。つまり蜂比礼に縦のラインを加えたものが蛇比礼となるのである。これらから分かるのは縦と横の二つの円の組み合わせであり、それらの円は全て「帯繦」によっているということ、つまり対照力が働いているということである。蜂比礼で示されているのは柔らかな円転する螺旋の動きであり、それに蛇比礼では縦の円で示されている小周天が加わることになる。これはアストラル体、エーテル体、肉体の統合を言うものであり、縦のラインは中脈となる、小周天は中脈における対照力によって真に統合の働きを持つものであるとの奥儀を如実に見ることができる。太極拳も円の動きが強調されるがその秘訣に「曲の中に直を求める（曲中求直）」がある。これは手の円の動き（蜂比礼）を導き出す根源には中脈の対照力による小周天の統合の働き（蛇比礼）のあることを知らなければならないということである。また「綿の中に針を蔵す（綿中蔵針）」も同様で「綿」は手の動き、「針」は中脈をいっている。このように十種の神宝として霊視された教えは日本だけではなく中国の武術にも通じる普遍性を有している。また盛平の言う「魂の比礼振り」には蜂比礼の「転振」と蛇比礼の対照力「帯繦」とが「振」と「魂（中脈、小周天）」で示されている

ことが分かる。

更に注目すべきは手の力を発する働きを「転振」としている点である。「虚」の中心軸を使う時にはまさにこのような柔らかな動き（振）でなければ力を発することはできないのであり「螺旋」の動き（転）は盛平の霊視する森羅万象の働きの基本でもある。こうした力の使い方を八卦掌では纏綿《てんめん》勁《けい》、形意拳では滾勁《こんけい》、太極拳では抽絲勁《ちゅうしけい》、あるいは陳氏太極拳では纏絲勁と称しており、いずれも螺旋の動きを特徴とする。これらはすべからく「転振」の動きとすることができる。

山王神道で霊視されている力の使い方は柔らかなものであり、盛平は山王神道で霊視されたのと同じ力の使い方を会得していたと思われる。こうした力の形を盛平は「天の村雲九鬼さむはら竜王」として霊視をしていた。天の村雲九鬼さむはら竜王については、これを合気道の守護神として、次のような説明をしている。

「天の村雲九鬼さむはら竜王、この御名の中に合気の技ことごとく含まれ」

である。「天の村雲」とは天の叢雲剣のことで、これは直線の力を象徴する。一方、「竜王」は龍であるから曲線の力を表している。盛平はこのふたつの働きにより合気道は成立していると教えているわけである。「合気は当身が七分」とされるのもこうしたところからきている。ちなみに天の村雲九鬼さむはら竜王の「九鬼」は「すべての物の気、九星の気」とされる。また「さむはら」は「宇宙の森羅万象の気を整えて、世の歪みを正道にもどすこと」と盛平は霊視していた。つまりこれは禊であり、天の村雲九鬼さむはら竜王が「一霊」の働きの象徴でもあることを示している。

また「天」とはアストラル体（界）のことで「村雲」はエーテル体（界）である（第二章・第三節を参照）。つまりアストラル体を中心にエーテル体が乱れることなく整えられている姿を示している。これが合気道における内的な「禊」であり、蛇比礼の働きとなる。また「さむはら」は外的な「禊」を象徴していて、これは「手」を通して行われる。相手の攻撃しようとする思い（穢）を手で触れること、つまり技を施すことで浄化するわけである。これは蜂比礼の働きとされる。これら内的、外的な「禊」を現すものとして天の村雲九鬼さむはら竜王は霊視されたのであった。また合気道の「魂の比礼振り」とは、このような「禊」の働きのことをいっているのである。既に紹介したが蛇比礼には「これ清浄の意なり」とあった。この「清浄」が「禊」であることはいうまでもなかろう。

七、品物比礼

品物比礼は「くさもののひれ」あるいは「くさぐさもののひれ」と読ませるが、要するに「いろいろのものの比礼」ということである。「くさ（種）」とは種類のことであり、それを重ねた「くさぐさ」でも意味としては変わりはない。ただ「くさぐさ」と重ねることでより種類の多いことが強調されるということはあろう。品物比礼については、図9のように盾に布切れのようなもの（比礼）がついている秘図が示されている。盾の上部にあるのは「宝冠」で、これは「三才を表す」との注がある。「三才」とは「天地人」であり、この「比礼」の力が森羅万象に及ぶものであることを示している。
古典には蜂比礼、蛇比礼、呉公比礼の他にも、たとえば『古事記』には新羅の王の子であったとされる天之《あめの》日矛《ひぼこ》が日本に「玉《たま》津《つ》宝《たから》」を持ってきたとあるところに、以下のような比礼が記されている（「玉津宝」とは霊的に貴重な呪具ということ）。

浪振る比礼、浪切る比礼

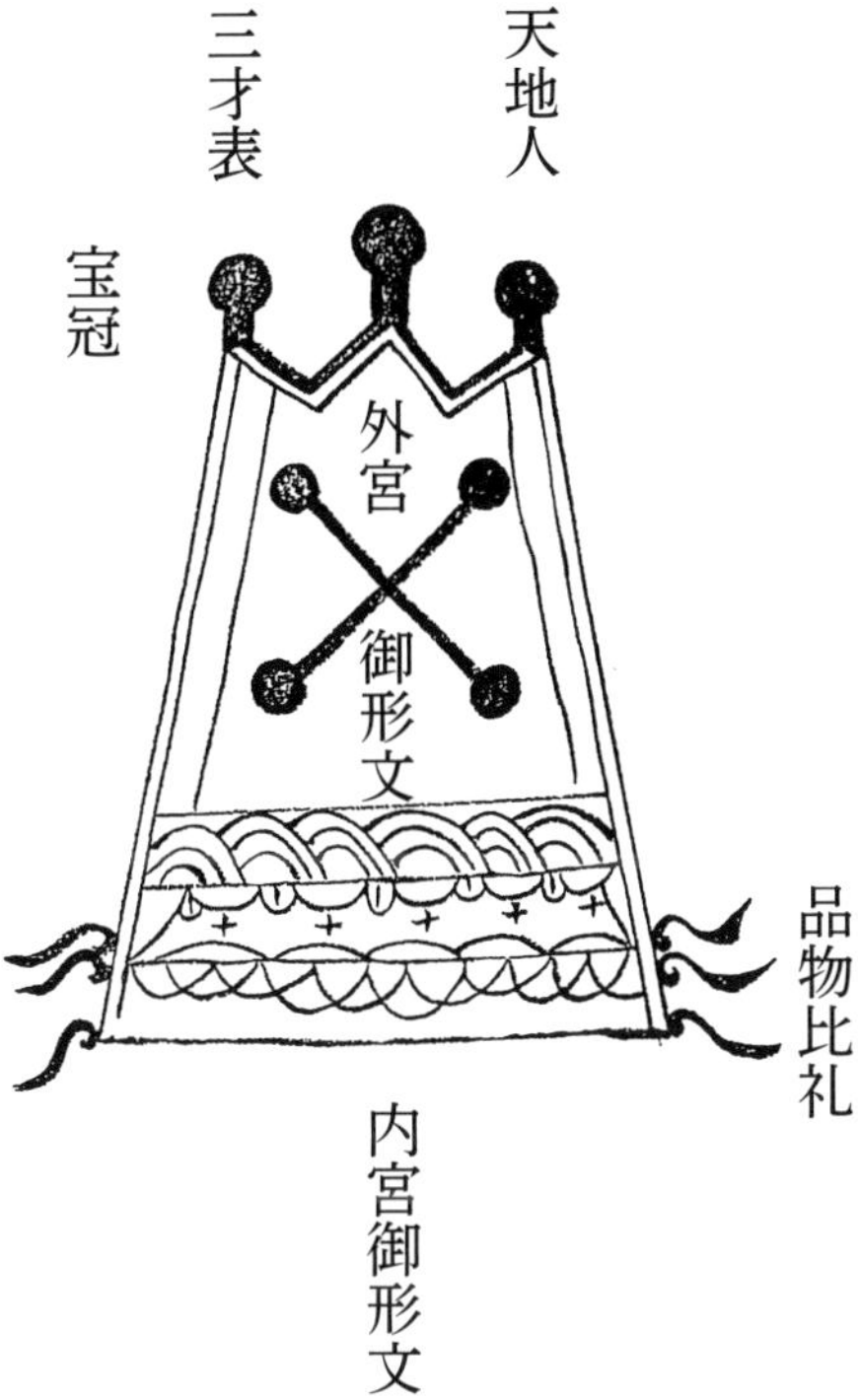

【図9】

風振る比礼、風切る比礼

これには他に「珠二貫《たまふたつら》」と「奥津鏡《おきつ》、辺津鏡《へつ》」のあったことが記されているので、玉津宝は十種の神宝とは「剣」を欠くくらいでほぼ同じとすることができる。比礼に関しては「浪振る比礼、浪切る比礼、風振る比礼、風切る比礼」があげられているわけであるが、これは浪を起こして（浪振る比礼）それに乗って進む（浪切る比礼）働きや、風を起こして（浪切る比礼）それに乗る（風切る比礼）働きを象徴しているのであり、順調な航行を促す働きを持っている「比礼」ということになる。このように「比礼」は生き物であっても、自然であっても「相手」の力を自在に操る働きがあるのである。盛平が合気道を「魂の比礼振り」としていたことは既に触れたが、これは合気道が、ただ相手を倒すのではなく、相手の力、あるいは相手を含めた「天地」の力を自在に操ることを主眼としていることを示していることになろう。こうした意味において「蛇」でもなく「蜂」でもなく、また「浪」や「風」でもない「魂」の比礼としていることは合気道が森羅万象を真に動かしているのは霊的なものであり、それはそのまま人における「魂」と通底するという考え方によっていたためであろう。つまり「魂」を活性化することで人を含めた世界の浄化が可能となると考えているのである。

「古よりの各流派の武道を捨てよというのではないが、それを土台にして、そしてそれをあとかたもなく忘れて新しく合気は生れ出たもので、みな気の巡りに従っております」

盛平は攻防を目的とする武術はあくまで「土台」であるという。「土台」とは出発点ということである。今日の武術を「土台」として、かつてあったであろう真の武術としての合気道を霊視して再興しようとするのが盛平の意図するところであった。真の武術としての合気道とは「気の巡り」に従うもので、その円滑な循環は禊により穢が浄化された時に生まれると考える。そうであるから、真の武術としての合気道は「禊」であり、「一霊＝直霊」の働きそのものであるということになる。

ここで注目したいのは、盛平が「あとかたもなく忘れて新しく合気は生れ出た」としながらもわざわざ「古よりの各流派の武道を捨てよというのではない」と述べている点である。事実、盛平自身も大東流の技を捨てきることはなかった。盛平は大東流の初歩の技の一部をのみ合気道に採って、大東流で奥儀とされるような複雑な技は教えていない。また、北海道を離れてからは師の武田惣角を避けていたようでもある。大阪の朝日新聞で教えていた時も惣角がくると自分は身を引いているし、東京でももっぱら甥の井上鑑昭が相手をしたという。

思うに盛平は大東流の源流となったものに興味があったのであり、惣角が考案したであろう複雑な技には関心がなかったと思われるのである。大東流は「御式内《おしきうち》」あるいは「御信用の手」から生まれたとされる。これらの語の意味することは明らかではない。「御式内」を殿中の意とする解釈もあるが、こうした意味は一般にはない。「式」は陰陽道で術者の意識を象徴的にいう語である。そして「式を打つ」として呪術を行うことをいう。つまり、「意識＝式」を使うということである。また「御信用の手」の「御信」が「護身」であるとするならば、密教の「護身法」との関連が思い浮かぶであろう。これは九字を切ることで知られている。九字とは碁盤目状に空間を切り裂くことで、これにより相手の意識の塊（式）を粉砕する。つまり謎とされる大東流の中で伝わる「御式内」と「御信用の手」

は意識を使っての攻防を意味する語であったのである。これを盛平は大東流の技を超えた霊視により知ってしまったのではなかろうか。あるいは惣角はそれを知らないで霊的なものを含んだ大東流を盛平に伝えたのかもしれない。

この霊的な攻防は坐り技で行う「呼吸法」とされる練習に集約できる。詳細は避けるが大東流の「原型」は「呼吸法」と一か条くらいであったのではないかと思われる。それというのも「呼吸法」は合気や呼吸力の基本となる感覚を養成するために有効であり、これは太極拳では四正推手に相当する。一方、一か条は四隅推手そのものである。四正は動きにおける感覚を育てるもので、入身を使う四隅推手は攻防へと発展する基礎となる。盛平は、

「今迄のやり方を捨てろというのではなく、それを魂の比礼振りにふりかえて」

とも述べている。盛平は「禊」の働きを含むメソッドは武術や宗教などにいくつか伝わっていることを霊視していたのであろう。そして重要なことはその真の姿の復活であり、その先駆けとして合気道は提示されたと考えていたのではなかろうか。このことは盛平が自らの役割を猿田彦と規定していたことでも分かる。猿田彦とは邇邇芸《ににぎ》の命が高天原から地上へと降りてくる時の道案内をした神であり、盛平はこれまでの武術で秘匿されてきたそうした霊的なものを開く導きとなることを自覚していたのであろう。

『古語類要集』では品物比礼に次のような注を付している。

「比礼、試みにこれを図すも、さらに実体を謂うにはあらず。何ぞ本拠を尋ねむや。かつ麗気に順じ、

次に形するのみ」

つまり秘図で示したものは、品物比礼そのものの実体を表すものではないので、本当のところを求めるべきであると教えているわけである。これは「比礼」の働きは「麗気」の働きそのものであって、それが時に応じて形になるためである。盛平のいう「気の巡り」というのは、「麗気に順じ」と同じである。何等の滞りや濁りのない「麗気」が開かれてこそ「比礼」の働きも得られることになる。

それでは武術における秘教的伝承、「比礼」の伝承はどのようになされてきたのであろうか。

既にこれまでに記したように中世の神道書の霊視の記録と植芝盛平の霊視の結果、その述べていることとはひじょうに重なっている。これは中世からさかのぼる古代、そして近世あるいは植芝盛平の生きた、近代、現代にまで連なる秘教的伝承が存していたことを証しているのではなかろうか。そうしたことを概観すると三つの時代に分けられるように思う。

一、天之日矛の時代（古代）

神宝が新羅から日本へもたらされる。新羅の王子の天之日矛が浪振る比礼、浪切る比礼、風振る比礼、風切る比礼などの「比礼」を伝えた。また古代における「比礼」の呪術は蛇比礼、呉公の比礼、蜂比礼として、新羅をはじめ半島との関連の深い出雲神話に見ることができる。これは大東流の流祖を新羅三郎とすることとも深い関係があろう。あえて大東流で「新羅」三郎というのは、その根底に「比礼」の教えがあることを示唆しているのではないかと思われる。

二、十種の神宝の時代（中世から近世）
両部神道（真言系）や山王神道（天台系）で「比礼」を含む神宝の霊視が行われ、いろいろな形でその教えが開示される。おそらく「比礼」の教えは比叡山などの僧兵の中でも受け継がれたのであろう。叡山の僧兵たちは武士をもしのぐ圧倒的な強さを誇っていた。近代になると「比礼」の伝は剣術では陰流を生み、体術では「やわら」として柔術を生み出すことになる。また近代まで全国的に行われていた宝蔵院流の槍術も、興福寺の子院の宝蔵院から出たものであるから、あるいは僧兵の武術の伝統を受け継いでいる部分があるのかもしれない。

三、合気道の時代（近世から現代）
植芝盛平は「魂の比礼振り」として合気道を開き、それにより十種の神宝の奥儀が再びこの世に現れることになる。しかし、盛平は大東流や大本などいろいろなものに触れる中で次第に自己の霊視を深めてついには比礼の奥儀に到達する。


このような「比礼」の武術的な展開の淵源は相撲の起源にも見ることができる。『日本書紀』には相撲の起源とされる伝承が記されている。当麻蹶速《たぎまのけはや》と野見宿祢《のみのすくね》との試合の逸話である。当麻蹶速は大和の「当麻邑《たいまむら》」の人であり、

「その為人《ひととなり》、力強くしてよく角を毀《か》き鉤《かぎ》を申《の》ぶ」

とある。当麻蹶速は力が強く「角を折ったり、鉤を伸ばしたりした」というのである。かつてフル

コンタクト空手を提唱した人物に、「牛殺し」として牛の角を折るパフォーマンスをするという伝説を持つ人物がいたが、その人物は指でコインを曲げるともいわれていた。こうした力の誇示の表現は古代人も現代人も大差がないようである。鉤を伸ばすとは曲がっている鉄の棒を引き延ばすというパフォーマンスと考えられる。当麻蹶速自身は、

「あに我が力に比《なら》ぶ者あらむや。いかにして強力者《ちからこわきもの》に遇《あ》ひて、死生《しにいくること》を期《い》はずして、ひたぶるに争力《ちからくらべ》せむ」

と言っていたとある。「どうして自分と同等の力を持っている者がいようか。どうにかして、強い者に出会って、生死をかけた真剣勝負をしたいものだ」と言っていたというのであるから、ひじょうに好戦的な人物であったのであろう。

一方の野見宿祢は「出雲」の人で、一連の経緯があって当麻蹶速と試合をすることになる。『日本書紀』では試合の冒頭は、

「二人相対《あひむか》ひて立つ」

と記す。試合前の緊迫感が伝わってくるような秀逸な描写といえよう。そして、

「各足《おのおのあし》を挙げて相蹶《あひふ》む」

ような戦いの後、

「すなはち当麻蹶速が脇骨《かたはらほね》を蹶《ふ》み折《さ》く。またその腰を蹈《ふ》み折《くじ》きて殺《ころ》しつ」

とその戦いぶりを伝えている。これは蹴り合いの末に、野見宿祢は当麻蹶速のあばら骨と腰骨を

踏み砕いてしまったと解されている。ここでは「ふむ」と読んでいる漢字がふたつあるが「蹶《ケツ》」も「蹈《トウ》」も「踏む」という意味である。蹴り会いをしているのに踏むとはどういうことかと考えてしまうが、これは太極拳の秘伝である採脚を知れば理解できる。太極拳には分脚、蹬脚《とうきゃく》、擺脚《はいきゃく》があるが、これらは少林拳の同名の技とは違っており、いずれも採脚の変化であって、これは踏み込むような蹴りとなる。これを「脇骨」と「腰」の部位から考えると「脇骨」を踏み砕いたのは分脚で、「腰」は蹬脚ということになろうか。

一般にはここに示したように「折」を「さく」「くじき」と読ませるが、平安時代に作られた辞書である『新撰字鏡』には「折」を「折れ曲がるなり（折曲也）」と解説している。そうであるならこのところは、

「脇骨を蹶み折《お》る」
「腰を蹈み折《お》りて」

と読むべきと思われる。このように野見宿祢は当麻蹶速に「蹴り」で勝つのであるが、速い蹴りを得意としていたであろう名は当麻蹶速の方に付されている。スピードのある蹴りはひじょうに有効である。一方の野見宿祢には、そうした蹴りの優秀さを示すものが見えていないが、それは野見宿祢の「蹴り」が通常の蹴りとは違っていることを示していると考えることができる。野見宿祢は太極拳の採脚をベースとするような蹴りをしていたと思われるのである。採脚をベースとする太極拳の踏み込むような蹴りは通常の蹴りとは全く違い、相手の体の中心をとらえて、まさに踏むようになされるので往々

にして「蹶み折《お》る」「蹈み折《お》りて」ということが生じることになる。ここで重要なのは相手の中心をとらえることであり、それは「合気」の働きそのものである。つまり、こうした伝承からは古代の日本にも太極拳のような蹴りの「合気」を使う方法が伝承されていたことが分かるのである。

また、野見宿祢の伝承より古い神々の時代とされる神話にも「合気」の教えをうかがうことができる。建御雷《たけみかずち》の神は出雲におもむき国を譲るように迫るのであるが、その時に反対した建御名方《たけみなかた》の神と試合をすることになる。この時の試合は互いの手を取ることによって行われた。

始めは建御雷の神の手を建御名方の神が取る。

「その御手を取らしむれば、即《すなは》ち立氷《たちひ》に取り成し、また剣刃《つるぎば》に取りなしつ」

建御名方の神が、建御雷の神の手を取ったところ、その手は「立氷（氷柱）」のようになり、次いで「剣刃」のようになったという。「立氷」とは「滑って力が入らない」ような感じを表しているものと思われる。建御名方の神は、千人がやっと引くことのできる程の重い岩を手先で捧げ持つことのできる剛力の持ち主であった。しかし、その力をして建御雷の神の手を握っても、力が入らないように感じられたのであった。それは建御雷の神が力に力をもって対するのではなく「合気」を用いることで捉えどころのない状態にしたことが「立氷」としてたとえられているわけである。

そして、相手の体の中心軸を制してしまうことは「剣刃」として表現している。これは鋭く中心軸を切り崩してしまう感じといえようか。「立氷」も「剣刃」もまったく「合気」を使った攻防の感じをよく表しているといえよう。また「剣刃」と「立氷」は共に「銀色に輝く棒」といったイメージで

あるが、それは腕がそのままで変化をしたことを示していよう。建御雷の神に「合気」を使われた建御名方の神は、

「ここに懼《おそ》れて退き居りき」

となった。恐れて萎縮してしまったというのである。次には建御名方の神の手を建御雷の神が取ることになった。この時には、

「若葦《わかあし》を取るが如《ごと》、搤《つか》み批《ひし》ぎて投げ離ちたまへば」

となった。つまり建御雷の神は、どのようにでも扱うことのできる若い柔らかな葦のように、建御名方の神の手を取って投げたのである。ここでは掛け手の「合気」が使われている。一般的に合気道では受け手の合気が使われるが、掛け手の合気を使うことも可能である。太極拳ではこれを按脈《あんみゃく》の秘伝としている。この神話の場面は「出雲」であり、古代の「出雲」と「合気＝比礼」が深い関係があることは既に述べた。

最後には建御名方の神は、

「すなはち逃げ去《い》にき」

となったとされる。特段の傷を負わされたり、殺されたりすることはなかったのである。これがまさに「合気」の戦い方であり「比礼」の攻防といえよう。これらの伝承からは、古代には足の「合気」（野見宿祢）や掛け手の「合気」（建御雷の神）など多彩な「合気」があったことが分かる。このように「合気」は体のいろいろなところで使うことができるし、また武器を通しても働かせることが可能である。そ

うであるから「品物比礼」という言い方ができることになる。そして日本の「合気」はこの神話に見られるように次第に攻撃から防御の方にその技術的特徴を変化させていくのである。このような「合気」の変化は聖徳太子の「十七条憲法」にも見ることができる。

「和をもって尊しとなし、忤《さか》ふること無きを宗《むね》とせよ」

この部分の「和」は「わ」と読まれることが今日では多いが『日本書紀』には「やはらか」と読ませている。この方が妥当であろう。「忤ふる」は互いに反発することで、そうしたことがないように互いに和合できるところを探すようにといっている。こうした対立をなくす手段として「やはらか」という考えが挙げられている。この「やはらか」は日本文化の基層をなすもので、それは武術でも顕著に表れて、中世では「陰流」、そして近世に「やわら」として確立される。そして近代以降は柔道や合気道を形成することになる。柔道はあまりに競技試合の側面が出すぎて「やわら」の伝承が崩れてしまったが、合気道はなんとかその命脈をつないでいるといえるのかもしれない。この秘図で「盾」が描かれているのは、後に「やわら」として認識される防御を主とする武術の本質を霊視していたためであろうし、それは山王神道の時代から遙か後代に専守防衛が「憲法」に明文化される霊的因縁を示すものといえるのかもしれない。

おわりに

中世神道の秘教的な情報を得るには、神道大系（神道大系編纂会　一九七七年から二〇〇七年　精興社）の『真言神道』（上、下）や『天台神道』（上、下）がまさに宝庫というべきであるが、詳しい解説や注釈があるわけではないので、なかなか読み解くのは難しいかもしれない。日本思想体系の『中世神道論』（岩波書店　一九七七年）は解説、注ともに充実している。しかし、その詳細な注も文献の意味を説くだけで霊的な解釈には及んでいない。これは優れた中世神道の世界への手引きともいうべき山本ひろこの『中世神話』（岩波書店　一九九八年）も同様である。山本には他に修法を詳細に解説した『異神』（上下　平凡社　一九九八年　筑摩書房　二〇〇三）もある。これには手堅く珍しい史料が集められている。

中世神道は仏教とも関係が深い。それを研究しようとすれば神道はもとより仏教の知識も必要となる。そうした背景もあってそれほど研究は盛んとはいえない状況にある。また神道の世界では、両部神道や山王神道は「正しい神道ではない」とするような評価もある。これは仏教においても同様である。こうした状況であるからなかなか中世神道の世界を知ることは難しいが、これをオカルト的な文献として読むとするならば、すべてを正しく理解する必要はまったくない。自分が独自に理解して、おもしろいと思うところを取り入れればよいのである。そうした意味では『渓嵐拾葉集』などは実におもしろい。同書は膨大であるが大正新修大蔵経に含まれており、ネットでも公開されている。田中貴子の『「渓嵐拾葉集」の世界』（名古屋大学出版会　二〇〇三年）は同書を紹介したものでオカルト情報が「物語り」された中世の風景をよく知ることができる。他に『外法と愛法の中世』（平凡社　二〇〇六年）も興味深い。

両部神道のベースとなる月輪観や阿字観は簡単な瞑想法であり最近は高野山をはじめ密教寺院などで教えているところもある。また山崎泰廣は阿字観について多くの指導書を著している。『密教瞑想と深層心理』（創元社　一九八一年）はヨーガと密教の関連を説いた画期的な書物である。これを種本にして密教系の新興宗教の教祖が書を著し、それが巡り巡って最後には地下鉄での毒ガス事件にまでつながることになる。ある意味において密教では巧妙に隠蔽されていたヨーガの部分を明らかにすることは「精神の危険」にアプローチすることにもなる。それ故に秘密教（密教）としなければならなかった所以を知ることのできる事件に発展した。ほかに山崎にはCDブックの『実践　阿字観瞑想法』（春秋社　二〇一二年）などもある。また月輪観や阿字観を説いた吉田明乎の『高野山に伝わる　お月様の瞑想法』（祥伝社　二〇一四年）はユニークでおもしろい。始めて観法を実習しようとする人には適しているのではなかろうか。

こうした文献をもとに瞑想を実践しても、だいたいにおいてはそれ程の不都合が生じることもないであろうが、一人で行う場合には少しでも心身に不調が生じたら無理をしないで休むことが大切である。指導者がいる場合は多少の無理をして境地を高めるといったこともできるが、一人の場合には時間がかかってもゆっくり進む方がよいであろう。ゆっくり進むのは効率が悪いようでもあるが、その間に得るものも少なくない。どうしても解決できない問題が出てきたら指導者の教えが必要となることもある。

山王神道を修するうえで基本となるのは止観である。これには天台宗の立場から書かれた『摩訶止観』（上下　岩波書店　一九六六年）もあるが、瞑想の実践ということだけであれば技法を主とした『天台小止観』（岩波書店　一九七四年）の方が適当であろう。関口真大の『天台小止観』（大東出版　一九七八年）には現代語訳が付されている。また箕輪顕量の『仏教瞑想論』（春秋社　二〇〇八年）は仏教瞑想の歴史と実際がよくまとめられており、瞑想を実践しようとする人には必読の文献であろう。止観も天台宗の系統の寺院では指導しているところもある。ただ止観は実質的には坐禅と変わらないので禅宗寺院で教えを請うこともよいかもしれない。

坐禅の実際を知るには横尾忠則の『我が坐禅修行記』（講談社　一九七八年　後に『坐禅は心の安楽死』と改題。平凡社　二〇一二年）がおもしろい。これは古い本であるが横尾の優れた感性で禅宗における坐禅の矛盾点をよくつかまえている。僧堂をベースとする日本の禅宗は集団生活をスムーズに進めるために多くの規則を作らざるを得なかった。しかし、それは本来は自由な境地を得ようとする坐禅とは矛盾するものである。これを受け入れた者は禅僧として残り、受け入れなかった者は世間的には禅の世界からは離れてしまうことになる。そして矛盾は何ら解決しないまま今日に至っている。

ビジョンを使う瞑想については山田孝男の『瞑想のススメ』（総合法令　一九九九年）を先に読んで

おくと間違いがないのではないかと思う。同書は共著の『瞑想術入門』（大陸書房　一九七四年）を書き改めたもので、スワミ・ヨーゲシヴァランダの『魂の科学』をベースとしている（日本語訳は、たまま出版より一九八四年に出された）。瞑想時におけるビジョンの出現は少なからざる衝撃を受けることになり、それに執着してしまうことにもなりかねない。山田の語ることにはある部分、常識的には受け入れ難いこともあろうが、あくまで真摯に「ビジョン」に向き合う姿は瞑想世界の探究者として評価できると思われる。今はほとんど忘れられているが四〇年ほど前の瞑想ブームのころ「現代ヨガ」を唱えていた山手国弘という面白い人物がいた。「現代ヨガ」もイメージを使う瞑想法であるが、皮膚感覚を用いるところに特色がある。一般的にヨーガの瞑想法は観法を主とするもので、アストラル体、エーテル体のレベルの瞑想となるが、現代ヨガは肉体とエーテル体がベースとなる。これは皮膚の感覚が基本となる合気道や太極拳などとも近いものがある。山手は体内にあるカルマ（穢のようなもの）を皮膚感覚を通して溶かし体外へと導くと教えていたようである。ただ山手が入浴中に溺死するというショッキングなこともあり、瞑想ブームの終焉とともに忘れ去られていった感があるが、ネット上にはいくつか情報もあがっている。

古神道の瞑想（鎮魂）は近代を中心に考案されたシステムであるが、津城寛文の『鎮魂行法論』（春秋社　一九九〇年）はカタログ的にいろいろな行法を紹介していて参考になる。古神道と称するものは戦前には精神修養法として社会の各方面でもてはやされた。しかし戦後はその反動もあって一気に終息してしまう。それでも今から三〇年くらい前には戦前に古神道を修行した人もいたが、現在では多くの教えが途絶えてしまっているようである。そうであるから古神道の文献もなかなか入手が困難であるが、大宮司朗（編）の『鎮魂法極意』（八幡書店 一九九七年）では、原書をいくつか集めてあるので参考になる。またこうした鎮魂法がどのように行われていたのかは、中野裕道の『ヨーガ霊動法』（日貿出版社 一九八二年）によく書かれている。古神道の鎮魂などをしていると「霊動」なるものが発動することがある。正坐をしたまま飛び跳ねたということもあったらしい。それも修行が正しく進めば激しい「霊動」は次第に鎮まっていくという。ただ古神道の行法は瞑想法としてはそれほど完成度の高いものではないように思われる。石上神宮では鎮魂法の伝授もされているようで人気もあるらしいが、これも古代から伝わるものではない。

合気道はいろいろなところで習うことができる。ただ多くの場合、植芝盛平の思想を研究しようと合気道を学んでも「矛盾」を感じることがあるかもしれない。こうした矛盾は矛盾のまま思想的な研究と技法の習得を別物として稽古をしている人もいるが、これではなかなか思想的な深い境地に入ることは難しいであろう。あくまで思想と技法は一致したものでなければならない。実はこうした矛盾は盛平の中にもあって晩年は「形」の否定に大きく傾くことになる。それはひとつには正勝棒術や松竹梅の剣、あるいは「神楽舞い」などの探究に向かわせることになったし、あるいは攻防の形そのものを「気形」として抽象化することで大東流から受け継ぐ動きの意味を変えてしまおうともしていた。

つまり盛平の「思想」は、大東流を受け継ぐ「技法」のはるかに先にあったということである。個人的には「魂の比礼振り」としての「合気道」は現在ではむしろ太極拳（品物比礼）や八卦掌（蛇比礼）、形意拳（蜂比礼）などの方が適しているのではないかと考えている。もちろん新たな形としての「合気道」は必ずしも太極拳や八卦掌、形意拳に限られるものではない。重要なことは形式や先入観に捉われることなく、自分の追究を自由に進めることにあるのではなかろうか。もうひとつ瞑想の修行をするうえで欠くことのできない考え方に「知行合一」がある。これはアカシック・レコードを読んで得た「情報」と実際の行動が一致したものでなければならない、という教えである。しかし、こうした実践の背景には等しく「居敬窮理《きょけいきゅうり》」がなければならない。思いついたことをただ行えばよいというものではないのである。

　これは瞑想についても同様で、阿字観や月輪観、止観などを修しても特に仏教にこだわる必要はなかろう。自分で本を読んだり、美術品を見たりして「瞑想感覚」「霊視感覚」を養うようにすればよい。たんなる妄想ではなく、生きていくうえで意義あるものとしてそれらを涵養するには「居敬窮理」である必要がある。これは「敬《つつしみ》に居て、理を窮める」という意味である。霊視を用いて探究をする（窮理）のはもちろんであるが、その際には「敬」がなければならない。そうでなければ勝手な妄想に振り回されて、自分を見失うことにもなりかねないし、ましてや物事の本質を知ることもできはしない。

　これに気づいたのは五十五歳の頃であった。「居敬窮理」そのものは二十歳代に九華派八卦掌（居敬窮理学派）の伝授を受けた時に知っていたが、その重要性を悟るにはかなりの時間がかかった。九華派は八卦掌を北京に伝えた董海川が拳を学んだのが九華山であったことによる。董海川は九華山で「異人」と出会い八卦掌を教えられたとされている。九華派では王陽明が弟子に語った教えをまとめた『伝習録』を重要な文献としているが、王陽明は九華山を少なくとも二度にわたって訪れており、そこで「異人」と出会って教えを受けている。

ちなみに「居敬窮理」は朱子学でいわれる教えで、王陽明はこれを批判して陽明学を立てたとされている。朱子は「半日静坐、半日読書」を実践することで朱子学の基礎ができると教えていた。このような瞑想（静坐）を重視したことに朱子学や陽明学の特徴もあるのであるが、特に朱子は静坐を重視しており、アカシック・レコードを読んでしばしば儒教の経典を改変している（このことは後に朱子学が批判されるひとつとなる）。王陽明は静坐も重要であるが、それだけでは充分ではなく、社会実践を通しての学びが肝要であると唱えた。日々の行動の中でこそ儒教の教えは修養されるべきことを強調したのである。ただ九華派ではそれはバランスの問題であると考える。「半日静坐、半日読書」は極端であり、このような学究的な生活だけで本当のことを知って実践することは難しいが、また日々の生活実践を通して考えるだけでは深い境地を知ることはできない。あるいは静坐をしたり、または経典の研究をしたりすることが「聖人」の境地を体得することのできる方途であるとしている。

王陽明については『行状較平実』に「仙経の秘旨を究め、静坐して長生久視の道をおさめ、久しくして予知することができるようになった」とある。また『年譜』には「導引術を行い、久しくしてついに先知す」とする。つまり「超能力」の持ち主と見なされることもあり、時には雨乞いまで求められたこともあったらしい。九華派では陽明が九華山で得た「導引」が八卦掌であったとする（伝説がある）。孫禄堂が『拳意述真』で董海川を紹介する時に「予知」能力のあったことを特に記しているのも、何らかの九華山につらなる口伝があったものと考えられよう。孫禄堂は董海川が「奇技異能」を持っていたする。こうしたことは『拳意述真』で幾人もの武術家をあげているが他の武術家では記すことがない。そして「至誠の道は、もって前知すべし」とある『中庸』の一節を引用する。これはまさに王陽明と同じである。またこうした「前知」の能力は植芝盛平にもあったとされ、

「道場の近くで、ここを訪ねて来た人が迷っている。行って案内してきなさい」

というのを不思議に思いつつ門弟が外を探すとそうした人物が居たということがあったらしい。これと全く同じ訪問者のあることを予知したことが王陽明にも伝えられている。

九華派の八卦掌では太極拳（九九、双辺ともいう）や形意拳も学習をする。これが長い間、疑問であった。八卦掌にしても、太極拳、形意拳でもそれぞれが精緻で高度なシステムを有している。これらを共に学ぶことはかえって中途半端になるのではないかと考えたのである。しかし『伝習録』には、

「中はただこれ天理なり。ただこれ易なり。時に随いて変易す。（略）すべからくこれ時によってよろしきを制すべし。あらかじめまづ一箇の規矩を定めて在り難し」

とある。「中」とは中庸のことで、中庸とは「易（変化）」であるとする。時に随って変化をするのが中庸であると教えている。中庸はいまでいうなら「最適化」とすることができよう。時に応じて最適化をするには、あらかじめ一定の形（規矩）を決めておくことはよろしくないというわけである。つまり太極拳なら太極拳でそれに習熟することが重要なのではなく、あえて形に習熟し過ぎないように別の動きを練ることで真の最適化が可能となるわけである。そうすることで最適化された動き、自

在な動きが得られることになる。これが九華派の基本理念であると気づいて改めて思ったのは、「重要なことは拳（システム）を窮めることではなく、自分自身の動きを得ることではないか」ということであった。そうであるなら曲線の動きである八卦掌、直線の動きである形意拳、そして柔らかな動きの太極拳を練ることで、自分自身の内的な「力」が開けてくることに気づいたのであった。

武術を修練するうえで重要なことは、最適化した動きができるかどうかにあるのであって、太極拳、形意拳云々ということは問題ではない。そうなら拳を練習しないで混元樁（静坐に相当する修練法）だけをやればよいという考え方もある。しかし、こうした「内」を探究するだけで自分の動きを見出すことはできない。そうであるなら自由な動きを得るには自由な打ち合いをこれに加えればよいと考えたのが意拳の王向斉であった。しかし一見して自由な打ち合いをしていると思っても、やはり自分の動きの範囲から出ることはできず、自らの動きを客観化することができないために、意拳はその魅力が多く語られる割には顕著な効果を出し得ていないようである。自らの動きを客観化するにはやはり套路を使わなければならない。そうした意味で八卦掌、形意拳、太極拳の動きを練ることには大きな意義があることになる。こうした修練を重ねてアカシック・レコードを読み込むことで自分本来の動き、自分自身の心身の使い方を知ることができるようになる。

アカシック・レコードを読むとはアストラル体からの「衝動」を得るということなのであるが、アストラル体からの「衝動」ということを考える上では、かつて話題になった「スカイツリーが描かれた浮世絵」が題材としておもしろい。それは歌川国芳の「東都　三ツ股の図」である。ここに描かれた「櫓」がスカイツリーに似ているとされたのである。ただこれは後にいろいろと研究されてスカイツリーとは位置が違うこと、また描かれた「櫓」は井戸掘りの櫓と似ていることなどから「スカイツリーではない」とされた。しかし、アストラル体のレベルの情報（アカシック・レコード）の霊視ということからすれば、こうした「違い」はよくあることで、重要なのはそれを見た時に「何を感じるか」にある。「東都　三ツ股の図」を見れば直観的に「スカイツリー」と思ってしまうのは、国芳が何らかの機会にアカシック・レコードを読んでしまった（かあるいはアカシック・レコードを読んだ人から情報を得た）ためであろう。あの時代にそれを表現するには井戸掘りの櫓を大きく描くよりほかなかったのではなかろうか。もし、国芳に現代の建築学の知識があったならばスカイツリーそのものに近い「櫓」を描くことができたと思われる。そうであるから過去の武術文化の英知ともいうべき套路をある程度知っておかなければ、アストラル体からの「衝動」をエーテル体、肉体において具現化することはできないのである。

なにはともあれ、神秘学修行において重要なのは心身の自由を得ることにほかならない。我々は自分で自分を規制して自ら自由を失っている。こうしたことに直観的に気づくこと。そこにこそ神秘学を修する最も重要な意義がある。

清水 豊◉しみず ゆたか

一九六〇年生まれ。十代より八卦拳、楊家太極拳、合気道、大東流、新陰流、立身流などを修行する。また中央大学、國學院大學大学院、国立台湾師範大学などで神道や中国思想の研究を行う（専攻は思想史）。大学院在学中から植芝盛平の神秘思想に関する論文を多数発表。著書に『太極拳秘術』『植芝盛平の武産合気』（共に柏書房）『古事記と植芝盛平―合気道の神道世界』『神仙道と植芝盛平―合気道と太極拳をつなぐ道教世界』『「むすび」の武術と植芝盛平―合気道・太極拳・八卦拳』『老子と太極拳』『中国武術秘訣―太極拳・君子の武道』（共にビイング・ネット・プレス）がある。現在は執筆のかたわら八卦門両儀堂で太極拳、八卦拳、合気之術の教授を行っている。

八卦門両儀堂の公式ブログ　煉丹修道

カバー：『熊野那智参詣曼荼羅（掛軸）』國學院大學図書館所蔵

植芝盛平と中世神道
―霊視された「合気」の奥儀―

2021年1月22日　初版第1刷発行

著　者――――清水　豊
発行者――――野村敏晴
発行所――――株式会社 ビイング・ネット・プレス
〒252-0303 神奈川県相模原市南区相模大野 8-2-12-202
電話 042-702-9213
装　丁――――山田孝之
印刷・製本――――モリモト印刷株式会社

ISBN978-4-908055-23-2 C0075 Printed in Japan